東大生のジレンマ

エリートと最高学府の変容

中村正史

光文社新書

はじめに

毎年3月10日、東大の合格発表が行われる。各大学の合格発表は、大学のウェブサイトに合格者の受験番号が載ったり、受験生が受験番号を入力して合否を照会したりするのが、随分前から一般的になっており、以前のように掲示板の前で、悲喜こもごもの風景が繰り広げられることは少ない。

しかし、東大は3月10日正午に合格者の受験番号をウェブサイトに掲載し、30分ほどして本郷キャンパス内に設けた掲示板に番号を貼り出すのが慣例になっていた。このため、あらかじめウェブサイトで合格を確認し、その実感を得るために本郷キャンパスに来て掲示板の前で写真撮影したり、あえてウェブサイトを見ずに掲示板の受験番号に命運を賭けたりする受験生とその家族の熱気が一帯にあふれていた。ただ、新型コロナウイルスの感染が拡大した2020年からはキャンパス内での番号掲示は中止になり、2023年も静かな合格発表になった。

　本書に登場する東大生や卒業生も、かつてはこの歓喜のなかにいたに違いない。合格者が多い首都圏の中高一貫校出身者は、掲示板の前で友達を見つけて喜びを分かち合っただろうし、地方の公立高校で久しぶりの合格者だった人はすぐに家族や担任教師に連絡したに違いない。しかし、本書で紹介している東大生や卒業生のなかに、現在の自分の姿を合格当時、想像できていた人はほとんどいないだろう。

　それは合格者の親にも当てはまる。東大合格者を輩出するような中高一貫校に入るとすれば、小学校の3、4年から塾に通い、中高での成績上位者が東大を目指すのが一般的だ。10年近い年月と高い費用をかけて念願を果たしたのだから、東大合格の喜びは想像するに余りある。我が子は東大から有名企業や官僚に進む「勝ち組」（嫌な言葉だ）の切符を手に入れた、親の務めは十分果たした、と考える親もいるに違いない。しかし本書を読めば、社会環境の変化とともに「勝ち組」の概念自体が揺らいでいることがわかるだろう。

　日本社会では、大学受験で最難関とされる東大への関心が高い。毎年、合格発表の時期になると、新聞社系の週刊誌が東大の入試結果を数週間にわたって特集し、文科一類、理科一類など科類ごとの高校別合格者数を載せて、総数を前年や前々年と比較する。こんな特集がずっと続いているのは、日本くらいだろう。

　なぜかと言えば、東大合格者を特集すると売れるからだ。裏を返せば、それだけ読者の需要が多い。私は『週刊朝日』で長く教育担当をしていたので、そのあたりの事情を熟知している。というより、「受験競争を助長する」という理由で10年余り見送られていた東大の高校別合格者特集を、２０００年に再開したのが、私自身である。受験生やその家族はもちろん、進学高校や塾・予備校の教職員だけでなく、一般読者も自分の母校や気になる高校の実績を見るために購読する。東大でなければ、ここまでの需要はない。日本社会で東大は特別な存在なのである。新興の私立中高一貫校は、東大合格者が初めて１人出ると、翌年の中学部の志願者数が増える。東大合格は、学校経営にも直結するのだ。

　しかし、東大に入った学生や卒業生たちがどうしているのか、あるいは東大のなかでどんな変化が起きているのかということは、ほとんど知られていない。かつて卒業後の進路として主流だった官僚の人気が落ちていることくらいは知られているかもしれないが、２０２２年の学部卒業生の就職先では楽天グループがトップだったと聞いたら、年配の世代は驚くのではないだろうか。

私は１９９４年に朝日新聞社刊「大学ランキング」（現在は朝日新聞出版刊）を企画・創刊し、２００８年から２０１５年まで編集長を務めた。創刊号のコンセプトは「受験偏差値と大学神話に代わる新たな大学評価を求めて」だった。当時は、大学を評価する指標は偏差値しかなく、偏差値が高い大学＝研究力も教育力も高い「いい大学」、と思われていた。

大学受験で最難関とされる東大は、どの分野の研究水準も教育の質も最も高い……そんなはずがないことは、大学を取材すればすぐにわかった。研究分野によっては、東京工業大学や京都大学、東北大学などの方が国際的な学術誌の評価が高いものはたくさんある。ましてアクティブラーニングという言葉すらなかった当時の教育内容もしかり。そのため、大学の多様な評価指標をたくさん示し、東大への対抗軸をつくることで、日本社会の「東大一人勝ち」幻想からの脱却を図りたい、という思いがあった。

そんな私が、東大の現在に興味を持つようになったのは、２０２０年夏、東大発ベンチャーのことを伝える経済誌の１本の記事がきっかけだった。大学発ベンチャーというと、大学教員が専門分野を生かして会社を設立するイメージがあったが、東大の大学院生らが多数、起業しているという内容で、私には意外感があり、もう少し知りたいと思った。当時抱えていた連載「慶應ＳＦＣ30年、立命館ＡＰＵ20年――日本の大学をどう変えたか」などの取材が一段落した頃、東大の起業家教育や起業支援を担当してきた各務《かがみ》茂夫《しげお》・大学院工学系研究科教授に当たってみた。

　すると、30年近く大学を取材してきた私も知らなかったことが多々あり、この十数年の間に東大生や卒業生の意識が大きく変わってきているという話に興味を持った。現在の東大を深掘りすれば、面白いことが起きているかもしれないと、私の記者魂が動き始めた。

　以来、「東大の変化」が私の継続的なテーマになり、この3年ほど、起業した卒業生らの取材と並行して、学生団体の取材を足掛かりに、東大生の人脈を広げ、東大で起きている変化を探ってきた。そして、世間ではほとんど知られていない、大学側すら把握していない現象が起きていることを知った。

　いま東大で起きていることは、日本社会の変化を象徴するものだと私は考えている。本書に登場する東大生や卒業生たちが、なぜその道を選んだのか、入学時に描いていた将来の進路はなぜ変わったのか、どんな葛藤があったのか、親との対立はなかったのか、将来をどう考えているのか、を伝えていきたい。そして彼ら・彼女らの言葉を聞きながら、私が何を感じたかを伝えたいと思う。

東大生のジレンマ

エリートと最高学府の変容

目次

第3章　東大生のジレンマ

目次・章扉デザイン／熊谷智子
本文図表制作／デザイン・プレイス・デマンド

序章

変わる東大生

「大企業に行きたいとは思わなかった」

新卒・鈴木大雅さんの場合

2浪してまで入った東大への失望感

２０２２年春、東大経済学部を卒業し、創業5年目のスタートアップ企業「キャディ」に就職した鈴木《すずき》大雅《たいが》さん（25）の話から始めよう。

鈴木さんは東京都立西高校の出身で、２浪して東大に入った。祖父が事業をしていたことにも影響され、経済学部に進む学生が多い文科二類を現役のときから受験した。現役のときは浪人を覚悟しており、１年間予備校に通って再度受験したときは、合格最低点に０・28点足りなかった。明治大学政治経済学部にセンター試験利用入試で合格し、授業料免除の特待生（特別給費奨学生）になったので、「１浪で東大に受かっていた場合の自分を超える体験をしよう」と、大学生活と受験勉強を両立する道を選んだ。授業の単位はすべて取得し、大学の短期留学プログラムを利用して米国に3週間留学し、インドで半月、ボランティア活動をした。予備校には通わず、自学で再チャレンジのために受験勉強した。「この１年間は大学

鈴木大雅さん

に通いながら勉強した、回り道みたいな時間でした」と鈴木さんは話す。

3度目の挑戦で文科二類に入学すると、過労死訴訟で有名な川人博《かわひとひろし》弁護士が講師を務める「法と社会と人権ゼミ」や、東大生と卒業生が交流するイベントを企画・運営する学生団体「東大ドリームネット」に参加した。ただ、実際に入学してみると、東大に憧れ、期待が高かっただけに、「正直ちょっと残念でした」と言う。

「中高一貫校の出身者が多く、高校4年生というか、高校の延長の意識を持っている学生が多いと思いました。熱量が少なく、大学で4年間、楽に過ごして卒業できればいいと思っている人が多く、こいつは面白いという学生にはあまり出会えませんでした。想像していた東大と違い、あれほど憧れていたのにと、嫌な気持ちでした」

2年になると、サークルやゼミ、学部・学科などに関する生の情報を提供する仕組みをつくり、学生が最適のマッチングをできるようにしたいな、と考えるようになった。

「自分自身の経験から、サークルは入ってみないと実情がわからないと実感していました。東大では新入生を、語学クラスが同じ1学年上の先輩が合宿に連れて行くのですが、その場でサークルの裏情報を教えたら、彼らが入ったサークルでの定着率が非常に高く、この仕組みをつくる意義があると思いました」

　こうして2年の終わり頃の２０２０年2月に構想したのが、サークルなどの詳しい情報をネット上で提供する学生団体「ＵＴ-ＢＡＳＥ」の設立である。デザインやＳＮＳ運用に長けた同級生と7人で活動を始めた。折しも新型コロナウイルスの感染が広がり始めた時期で、合宿など対面で情報を伝える機会がなくなり、「ＵＴ-ＢＡＳＥ」の情報サイトは急速に拡大した。サークルや学科の紹介、履修など諸手続きの情報を広く発信し、学生から寄せられる質問にも丁寧に答えた。

「僕の周りには手伝ってくれる人がいて、精度の高い情報がたくさん集まる環境にありました。『ＵＴ-ＢＡＳＥ』のメンバーは徐々に増え、3年の夏休みに代表を後輩に譲る頃には約30人になっていました」

　サイト開設から2年余りの間に回答した学生からの相談は約４２００件。ツイッターのフォロワーは毎年２５００人以上、ＬＩＮＥの登録者は毎年１０００人以上のペースで増え続けた。毎年の新入生は約３０００人なので、相当数の学生がユーザーになったことがわかる。

「大企業に行きたいとはあまり思いませんでした」

「ＵＴ－ＢＡＳＥ」の活動を引退してから、スタートアップ企業でインターンをしようと考えた。ツイッターで情報を集めるなかで、興味を持ったのがキャディだった。

キャディは、製造業のバリューチェーンの変革を目指して、鈴木さんの先輩に当たる経済学部出身の加《か》藤《とう》勇《ゆう》志《し》郎《ろう》・代表取締役ＣＥＯ（32）が、２０１７年に設立した会社だ。当時、設立からまだ3年ほどしか経っていなかった。鈴木さんは、勤務日が合わずにインターンはできなかったが、キャディの社員に会って話を聞いたりした。

就活が本格的に始まると、メガベンチャーに行きたいと思った。「大企業に行きたいとはあまり思いませんでした。僕は行動力や瞬発力、突破力が強いのが特長です。大きな組織では、自分の強みを生かすまでに時間がかかるだろうと思い、まだビジネスモデルが確立されていないようなところに入って、何とかしていくのが自分に合っていると思っていました」

ディー・エヌ・エー（DeNA）やリクルート、医療情報のエムスリーなどにエントリーして社員に会ったが、想像していたより会社が成熟して落ち着いていると感じ、もう少し若い会社を探した。そんなときに、興味を持っていたキャディが新卒社員を採用しようとしているとの情報を聞き、応募して内定をもらった。そして卒業まで同社でインターンを続けた。

大手通信会社に勤める両親は、同社に就職することに反対した。せっかく東大に入ったのだから、中央官庁や大手商社に入ってほしいと思っていた。「世の中の課題を解決する仕組みづくりに携わりたい」「新卒１～３年目はちょっと無理してでも働いて成長したい」など と、２、３か月かけて自分の気持ちを伝え、説得した。

入社したのは２０２２年４月。社員は他社から移ってきたり、長期インターンを経てそのまま採用されたりしたケースが多く、東大の卒業生も多い。

「ものづくりに興味があったわけではありませんが、たまたまキャディという面白そうな会社が製造業の受発注のあり方を変えるビジネスモデルを提供して、世の中の課題を解決しようとしていることを知り、関わってみようと思いました。入社して１年ですが、現在は半導体製造装置メーカーに向けてサプライチェーンを構築し、品質保証や納品などの業務を担当しています。加工する町工場も回るため、専門性が必要です。早い段階からチームで戦っていくことを経験させてもらい、最近では周りに迷惑をかけながらも、自分の成果が出始めてきました。自分が成長できているという実感は強いです」

子どもの頃は、中学受験に力を入れる私立小学校に６年間通った。小４から中学受験塾に通って、大学附属の有名中学に合格したが、入学手続きのミスで入学取り消しになり、公立中から都立西高校に進んだ。高校時代の成績は「ギリギリ留年しなかった」レベルで、8クラス、定員320人のなかで1年の実力テストは「下から20番目くらい」。2年から平均を超えるようになり、3年の春に50番くらいに上がった。東大を目指すと宣言したら、担任教師にも親にも「無理するな」と言われた。

これからのキャリアをどう考えているのだろうか。「30歳になるまでか、30代のうちに、自分が世の中のこういう課題を解決したと言えるよう、軸になる専門性や実績をつけたいです。いずれ独立してやっていくこともあり得ると思っています」

「自分の創造性で人をハッピーにしたい」
キャディCEO・加藤勇志郎さんの場合

「志」あるスタートアップ企業

鈴木さんが入社したキャディとはどんな会社なのか、創業者はどんな人物なのか、紹介したい。

キャディの加藤勇志郎・代表取締役ＣＥＯ（32）は、東大経済学部を卒業し、マッキンゼーに3年勤めた後、２０１７年に同社を設立した。「モノづくり産業のポテンシャルを解放する」を企業理念に掲げる。キャディという社名には、ものづくりにおいてゴルフのキャディのようにプレイヤーを支援する役割を果たしたい、という意味も込めている。

加藤勇志郎さん

２０２２年11月14日夜、キャディの設立5周年を記念したメディア懇親会が東京・大手町で開かれた。キャディ設立の２０１７年は、明治維新（１８６８年）からちょうど１５０年目に当たり、会社紹介では必ずこのことに触れる。日本経済の最大の特徴であるものづくり産業のイノベーションを掲げ、明治維新を意識しているところに「志」が垣間見える。創業から5年経って、成長した会社の姿や幹部をメディアに見てもらおうと、初めての懇親会を企画した。

開会のあいさつに立った加藤さんは、記者からカメラのフラッシュを浴び、「過去最大のカメラの数で、ありがとうございます」とはにかみ、次のように話し始めた。

「キャディの従業員数は500人を超え、月数十人単位で増えています。この1年で拠点が増え、国内6拠点、ベトナムとタイに現地法人を設立し、グローバルの事業の広がりに一定の成果が出始めています。日本の製造業は180兆円規模ですが、コストの3分の2を調達が占めているのに、この100年間、イノベーションがほとんどありません。ここにイノベーションを起こすのが、私たちのミッションです」

日本のものづくりにイノベーションを起こすには？

日本経済はバブル崩壊以降、長い停滞が続き、「失われた30年」と言われる。この間、一人当たりの生産性が伸びていない。その原因として、日本の強みであるものづくり産業に固執し、米国のGAFAに代表されるIT産業に乗り遅れたことや、新しい産業が生まれてこなかったことが挙げられている。しかし、ものづくり産業の生産性がなぜ上がらなかったか、どうすれば改善できるのかについては、突き詰めた取り組みがなされてこなかった。この大きな課題に挑戦しようというのが、キャディの事業である。

同社によれば、製造業の多品種少量生産の現場では、メーカーが部品を発注する場合、長年の取引のある加工会社（多くは町工場）に固定的に発注することが多く、図面に描いていない情報があっても加工会社が「よしなの関係」で対応してくれていた。加工会社側も売上の大半を1社に依存していることが少なくなかった。また、図面データを同じ社内でバラバラに管理し、既存データが活用されていないため、隣の部署が過去に類似の図面を描いているのにゼロから新しい図面を描いたり、見積もりを取ると例えば単価５６００円になったケースでも、過去には３３００円で発注していたり、といったことが起きていた。そして発注したらトラブルが起きて、調達担当者はその対応に追われていた。

「その結果、業界全体のコストが下がらず、品質を上げるイノベーションも起きませんでした。製造業のサプライチェーンの標準化、集約と分配、デジタル化を進め、付加価値の高いところに人々の時間を使えるようにする。それによって一人当たりの生産性やＧＤＰを上げる。そういう世界観を私たちはつくっていきたいです」と加藤さんは話す。

同社が提供しているサービスは2つある。

加工製造サービス「CADDi MANUFACTURING」は、部品の発注者から依頼があると、図面データをアップロードしてもらい、独自のテクノロジーでデータを解析して、品質、価格、納期が最も適合する加工会社を選定する。加工会社が製作した部品はキャディに納め、キャディが検品・梱包して発注者に納品する。加工会社の工場には、キャディの社員が入り込み、常駐している。キャディが間に入ることで、発注者と加工会社の取引コストと、製造コストを下げることができ、品質も担保される。創業以来、「CADDi」の名称で提供してきたが、「巨大な仮想工場」になることを明確にするため、２０２２年10月に名称を変更した。

もう一つ、２０２２年６月から提供開始したのが、図面データ活用クラウド「CADDi DRAWER」である。ものづくり会社にとって図面は最重要データと認識されているが、紙で保管していたり、社内の共有サーバーに入れているだけだったりして、会社の資産になっていないことが多い。「CADDi DRAWER」は、図面データを自動で解析し、付随するテキストデータも自動化して保存することで、どの部品をいつ、いくらで、どこに発注したかがわかるほか、過去の何十万枚、何百万枚にのぼる図面データから、今回の部品に一番近い図面をＡＩ（人工知能）が判別し、検索することができる。

「『CADDi MANUFACTURING』は、産業機械で売上１０００億円以上の会社の過半数が取引先です。２０２３年から２０２５年の間に、世界一の加工工場を超える規模になると思います。『CADDi DRAWER』は日本を代表するメーカーが使っており、相見積もりにかかる時間が2週間から2、3日になったなどの声をいただいています」と加藤さんは話す。

事業は急速に拡大している。2021年には日本経済新聞の「企業価値増加率ランキング」で、前年と比べた推定企業価値が9・41倍で1位になった。私が2020年に初めて取材したときの従業員数は91人だったが、2023年に入ると600人を超える規模になった。2023年1月には、米国・シカゴに現地法人を開設し、ベトナム、タイに次ぐ3つ目の海外拠点ができた。「キャディは1年ごとに会社が全く違う形になっています」というのが、加藤さんの自社に対する見方である。

高校時代は音楽活動に熱中、偏差値38から東大へ

加藤さんは開成中学・高校から現役で文科二類に入り、経済学部に進んだ。中学・高校時代は音楽活動に夢中になり、ミュージシャンになるつもりだった。「成績はよくなく、高3の模試の偏差値38から1日18時間勉強して合格した」と過去のインタビューで語っている。「音楽以外のことは知らなかった」という加藤さんが、事業の面白さを知るようになるのは、大学に入ってからだ。

きっかけは、家庭教師のアルバイトの面接でその会社のオーナーに会った際、「君は先生

より事業が向いている」と言われ、新規事業を一緒に考えるようになったことだ。「音楽をやっていると、自分がつくったもので人を喜ばせることができ、その様子を見るのが好きでした。事業も似ている要素があり、面白いなと思いました」。

いろいろと調べていくうちに、事業にはものをつくる開発力と売る力が必要と感じ、1年夏から2年にかけて、それぞれの力をつけるために2つのベンチャー企業で約9か月間、インターンをした。一つの会社では飛び込み営業を行い、もう一つの会社ではコンピューターのコードを書いた。こうして、どんどん事業の面白さにのめり込んでいった。ちなみに2社とも、当時の従業員は10人もいなかったが、現在は上場しているそうだ。

3年のときにはインターネットを使った医療系のサービスを個人事業で行っていた。営業のために病院も回った。

「起業は面白いと思っていたので、卒業時には新しい事業をするか、就職するか悩みました。3年秋にマッキンゼーの内定をもらっていましたが、4年のときは起業する前提で動いていました。マッキンゼーに入ることにしたのは、自分が見えていない世の中の課題を知りたいと思ったのと、大企業の経営を見てみたいと思ったからです」

マッキンゼー時代に感じた課題

大学時代は体育会のアイスホッケー部にも所属し、週6日練習があった。部を引退した4年12月に「卒業までの3か月間は海外のベンチャーを見てみよう」と思い、英国の教育ベンチャーのインターンに参加した。米国のシリコンバレーに行った際、友人を介して出会ったのが、後にキャディを一緒に創業することになる1歳年上の小橋《こばし》昭文《あきふみ》さん（現在のＣＴＯ〈最高技術責任者〉）で、スタンフォード大学・大学院を出てアップルに入社して間もない時期だった。

「私が同学年で知る人のなかで、起業したり、ベンチャーのインターンに行ったりした人は誰もいません。インターンという言葉もなかった頃で、今とは時代が全く違います。友達とはあまり話が通じない感じでした」

マッキンゼーに3年勤めて、コンサルだけでは解決できない課題があると感じたのが、製造業だった。２０２０年に取材したときには、次のように語っていた。

「市場が大きくて、深い課題があり、かつグローバルな領域で起業したいと考えていました。日本の製造業は全盛期の頃につくられた大量生産向けの下請け構造が続いています。コストを下げるには下請けを買いたたくしか手立てがない閉塞感があり、町工場はこの30年で半分以上がつぶれています。これは日本の産業全体の大きな問題だと思いました。一方で、日本の製造業はグローバルでは強いし、ブランド力を生かせます。マッキンゼーでは製造業の工場に常駐しながらサポートしていたので、熱い人たちが多いことも知っており、やりがいがあると思いました」

小橋さん、そしてマッキンゼーで同期だった友人と3人で事業を始めた。神戸市のアパートの一室を借りて住み込み、「飛び込みで町工場を開拓することから始めた。「その友人は3か月間、町工場で無給のインターンをしましたが、インターンを決めるまでに何十社も断られました。最初は無給で働くことすら許されませんでした」というスタートだった。

起業したのは「圧倒的に面白いから」

2023年3月初め、米国・シカゴに設けた拠点に滞在中の加藤さんに、改めて5年間を振り返って話を聞いた。

——一番大変だったのは創業の頃ですか。これで行けそうだと思った時期はありますか。

加藤　大変さの質が変わってきたので、ずっと大変です。今も同じです。創業期の大変さはありましたが、今は改めて米国で創業しているようなものなので、常に大変さはあります。逆に言うと、自分が大変すぎるくらいになるまで目標を高く設定しています。

常に、うまくやれるという気持ちと、難しいことを見つけようとする気持ちの両方の日々を繰り返しています。スタートアップは常に新しいことが起きます。製造業ならではの難しさは、〝リアル〟が存在する世界であることです。ソフトウェアならサービスができれば一気に売上を拡大することもしやすいですが、製造業は受注が増えたら製造側の生産能力も同じ規模で拡大する必要があります。ニーズとサプライの双方のバランスを取りながら伸ばさないといけないことに難しさがあります。

——ＡＩ研究で知られる東大の松尾《まつお》豊《ゆたか》教授は「海外のトップ大学で起業する学生がたくさんいるのは、社会に大きな貢献ができ、成功すれば報酬を得られるので、周りから見て格好いいからだ」と言っていますが、どうですか。

加藤　今は松尾先生が言う通りだと思いますが、私のときは格好いいからというのはなく、面白いからというのが圧倒的に強かったです。今になって思うと、音楽をやってきて、せっかく生きるのなら、周りに何かを残して、いろんな人がハッピーになることをしたい、人の人生の重要なパートを占めることができるのがうれしいという気持ちがありました。事業もそれに近く、自分のクリエイティビティ（創造性）によってお客様や関係者が動いていく、いろいろな人がハッピーになってお金が生まれていく、このサイクルに関われることが面白いのです。

——キャディには、東大卒業後に様々なキャリアを経て入って来た社員がいます。東大の学生や卒業生にも起業する人が増えてきて、だいぶ流れが変わってきたと感じます。

加藤　私が卒業した10年ちょっと前ですら、ベンチャーのことは誰も知らず、ベンチャーに就職する人もいませんでした。大企業に就職するのが格好よかった時代です。米国では卒業後すぐに起業したり、いったん大企業に入ってその後にスタートアップに行ったりするのが、ごく普通です。昨日会ったシカゴ市の副市長も元々は起業家で、オバマ元大統領のサポートをした後、ＭＢＡ（経営学修士）を取得して起業し、10年近く事業をしてきた経歴を持っていました。日本でも最近は、キャディにインターンに来る東大の学生の話を聞いたりしていると、かなり変わってきたと思います。

――キャディのこれからの目標は何ですか。

加藤　２０３０年に向けて、「グローバル１兆円規模の世界最高の調達・製造のワンストップパートナー」「１０００億円規模の世界最大のサプライチェーンデータインフラ」という目標を掲げています。この２つがシナジーをもたらしながら、ものづくり産業の発展に寄与していきます。グローバル１兆円というのは、創業期から言ってきたことですが、あくまで我々の変革の第一歩目にすぎません。世界の製造業の規模は大きく、むしろこれくらいに行かないと世の中を変える仲間入りができないのです。

　個人的に興味があるのは教育の分野です。勉強という意味の教育ではなく、人の眠っているポテンシャルを引き出し、開花させることに将来、携わりたいです。幼少期の教育に興味があります。

　話を聞いていて、しばしば出てくる、中高時代に夢中になった音楽活動が、加藤さんの根幹をつくっているように思えた。そういえば、世代は異なるが、現在の東大総長の藤《ふじ》井《い》輝夫《てるお》さんも、麻布中学・高校時代にバンド活動にのめり込み、ミュージシャンを目指していたという。両者の話が重なる。

加藤さんは、社員の採用や育成に力を入れ、「自分の時間の4割は採用に割いている」と言う。「優秀なだけでなく、カルチャーや目指している目標がキャディに合うかどうかを見ています」。２０２３年1月下旬に開かれたキャディ主催のオンラインカンファレンスで、加藤さんは視聴者からの質問に答えて、次のように話した。

「今の大学生がどんな科目を勉強して、どんなことをしたいと思っているかが、10年後、20年後の産業を決めていきます。いい人を集めることがキャディにとっても産業にとっても生命線です。60年、70年前の優秀な学生は鉄鋼業界に行きました。今だと、東大や京大などの学生は商社やコンサルに行きます。この先、トップクラスの学生が行きたい産業に製造業が位置できるようになることが重要です。そのためには生産性をどれだけ上げられるか、賃金を上げていけるだけの力をどれだけつけられるかが鍵です」

三菱商事、カーライルを経てスタートアップに転職

芳賀亮太さんの場合

東大修士から三菱商事、カーライルを経て創業3年のスタートアップへ

　キャディには他社から移ってくる人も少なくない。コーポレート本部長の芳《は》賀《が》亮《りょう》太《た》さん（41）は、東大大学院工学系研究科（航空宇宙工学専攻）修士課程を修了後、三菱商事、投資ファンドのカーライルを経て、２０２１年４月に、まだ創業３年余りのキャディに転職した。

　麻布中学・高校時代から、数学や物理が大好きで、将来は学者になるのも面白そうだと思っていた。現役で合格した理科一類から工学部航空宇宙工学科、そして大学院に進み、航空機の自動操縦を研究した。そのなかで特定の分野を研究するよりも、ものづくりや技術者が面白そうだと感じ、自動車メーカーでのインターンを経て、先行開発部門の内定をもらった。

　ただ、入社すると特定の開発を続けることになる。技術はビジネスと結びつく必要があると考える芳賀さんは、ビジネスの視点やグローバルの事業経験を得たいと、三菱商事に入社した。

三菱商事では、自動車事業本部に所属し、中国やインドネシアの事業を担当した。転機になったのは、ＭＢＡを取得するため、社会人8年目にハーバード・ビジネス・スクール（ＨＢＳ）に2年間留学したことだ。「仕事は何のためにするのか」「どんな人生を送るのか」を徹底して考えさせられた。マッキンゼーで2か月間インターンをしたり、シリコンバレーでスタートアップの事業を手伝ったりもした。

芳賀亮太さん

「自分は商社のことしか知らないので、もう少し違う世界で幅広い産業に関わりたいと思うようになりました。ＨＢＳで学んだ財務、会計、マーケティング、経営全般の知識を使う仕事がしたいと考えているときに、声をかけてくれたのがカーライルでした。運命みたいなものです」と芳賀さんは言う。

カーライルジャパンに入社したのは33歳のとき。4年後にバイスプレジデント（マネジャー職）になり、投資実行の実務責任者としてテクノロジー系や製造業の企業を主に担当していた。ベンチャーキャピタル（ＶＣ）の知人と情報交換するなかで、紹介されたスタートアップの一つがキャディだった。

「カーライルのときに感じていたのは、米国ではGAFAの例のようにグロース（成長の伸びしろが大きい新興企業に投資する）側の産業が大きいのに、日本は停滞しており、国全体のリソースがそこにいかないといけないという思いでした。日本にスタートアップがもっと出て来ないといけない、自分の人生の時間を使うならそういう世界でやりたい、と感じていました。そのなかで話した10社くらいのなかで、一番ぶっ飛んだことを考えていたのがキャディでした。加藤さんや小橋さんが大きなビジョンを掲げ、難しいチャレンジをしていこうとしていることに共感し、他の社員とも会うなかで、この会社なら面白いチャレンジができそうだと思い始めました」

当時、38歳。カーライルで仕事の基盤ができていたのに、創業してわずかのスタートアップに転職することに、迷いはなかったのだろうか。

「カーライルの仕事はとても面白かったですし、迷いました。キャディがうまくいくかわからないし、自分がスタートアップに合うかもわからないというリスクがありました。カーライルにそのまま残れば、5年後の自分の姿も想像できます。それでも失敗しても何とかなる、今チャレンジして新しい経験をしないと、後になって後悔するだろうと思いました」

日本と米国の「決定的な差」とは？

現在は経営企画や経営管理、人事を束ねるコーポレート本部の責任者として、資金調達なども担当している。転職して2年経って、どう感じているだろうか。

「キャディはずっとチャレンジを続けている会社です。私が入った頃は社員が100人くらいでしたが、500人を超え、会社が大きくなって私の仕事も変わってきました。製造業の裾野は広く、世の中で存在感のあるビジネスになるために、まだまだ事業を伸ばしていかなければなりません。前職の投資ファンドは個の能力が重要でしたが、今はチームで進めることが多く、自分自身の広がりを感じ、チャレンジングで面白いです」

「結局、何を大事にするかですね。私は目の前の安定ではありません。自分が面白いと思うもの、意義があるものをやるべきで、新しい何かをつくっていくことに価値があると考えます。うまくいかなかったとしても、何とかなります。動かない方がリスクだと思います」

「仮に失敗しても何とかなる」「動かない方がリスクだと思った」という言葉は、第2章で紹介する東大関連スタートアップの創業者たちが口々に語ったことと共通する。

東大生や卒業生の意識は変わっているのだろうか。

「私の世代とは明らかに変化しています。三菱商事に入った私の同期は大半が残っていますが、最近はだいぶ違うと聞いています。私が大学を卒業する頃はスタートアップに行く人はほとんどおらず、変わった人と見られていましたが、今はスタートアップに行くのは普通の選択肢になっています。世の中が変わってきて、いいことだと感じています」

　米国のハーバード大学やスタンフォード大学などのトップ大学の卒業生は、伝統的な大企業には行かず、自分で起業して新しい価値をつくろうとすると言われる。この話を持ちかけると、ＨＢＳ時代からの知人も多い芳賀さんは、次のように答えた。

「米国でも親の世代は大企業に行っていたと聞きます。しかし、１９８０年代半ばには起業家と投資家の成功例が出てきており、そのサイクルは日本よりも30年早いです。起業家と投資家が事業を成長させていくエコシステムは、米国では2、3周目に入っていますが、日本は1周目が始まったところです。人もカネもここに流れるようにしなければなりません。成功例が蓄積すると、エコシステムが広がり、スタートアップが普通になってきます」

　遅れを取っているとはいえ、1周目が始まっていることが重要なのではないだろうか。

就職先1位はアクセンチュア、学部生は楽天グループへ

かつては４年で学部をストレートに卒業して、官僚や伝統的な大企業を目指していた東大

生の進路は、どう変化しているのだろうか。この20年間の国家公務員総合職（旧Ｉ種）試験の合格者数や、業種別の就職者数、２０００年代半ば以降の就職先の推移を調べてみた。

　東大の学部卒業生は毎年約３０００人。工学部は７割近くが、理学部は８割以上が大学院に進学するなど、理系を中心に進学者が多く、学部を卒業して就職するのは３分の１程度の１０００～１１００人である。

　就職先から見てみよう（出典は東京大学新聞）。キャディの芳賀さんが就職した頃、例えば２００７年の大学院生を含めた就職先の１位は、みずほフィナンシャルグループ。以下、２位日立製作所、３位大和証券グループ、４位ＮＴＴデータ、５位東芝、６位野村證券、７位トヨタ自動車、８位に同数で三井住友銀行、三菱東京ＵＦＪ銀行（現・三菱ＵＦＪ銀行）、東京電力が続いている。当時は、銀行や証券会社、重電や自動車メーカーが人気だった（表１参照）。

　これが、冒頭で紹介した鈴木さんが卒業した２０２２年には、１位が外資系コンサルのアクセンチュアになる。以下、２位ソニーグループ、３位楽天グループ、４位マッキンゼー・アンド・カンパニー、５位日立製作所、６位に同数でソフトバンク、野村総合研究所、ＰｗＣコンサルティング、９位にヤフーと富士通が続いている（表２参照）。アクセンチュアは

順位	企　業　名	人数
1	みずほフィナンシャルグループ	82
2	日立製作所	41
3	大和証券グループ	38
4	NTTデータ	36
5	東芝	34
6	野村證券	32
7	トヨタ自動車	28
8	三井住友銀行	27
	三菱東京UFJ銀行	27
	東京電力	27
11	東京海上日動火災保険	25
12	三菱重工業	24
	三菱商事	24
	富士通	24
15	キヤノン	23
	野村総合研究所	23
17	ソニー	22
	三井物産	22
	日本生命保険	22
20	NEC	21
21	アクセンチュア	20
22	JR東日本	19
23	日産自動車	18
	日本銀行	18
	富士写真フイルム	18
26	マッキンゼー&カンパニー	16
	三菱電機	16
28	リクルート	15
	住友商事	15
	中外製薬	15

表1　2007年卒業生の主な就職先

出所）東京大学新聞より集計。協力・大学通信

順位	企業名	人数
1	アクセンチュア	53
2	ソニーグループ	50
3	楽天グループ	44
4	マッキンゼー&カンパニー	40
5	日立製作所	39
6	ソフトバンク	34
	野村総合研究所	34
	PwCコンサルティング	34
9	ヤフー	26
	富士通	26
11	三菱UFJ銀行	25
12	三井住友銀行	23
	野村證券	23
14	中外製薬	22
	富士フイルム	22
16	三菱商事	21
17	大和証券グループ	20
18	NTTデータ	19
	三井物産	19
20	ファーウェイ	18
	博報堂／博報堂DYメディアパートナーズ	18
22	日本IBM	17
23	リクルート	16
	理化学研究所	16
25	EYストラテジー&コンサルティング	15
26	コーエーテクモホールディングス	14
	ドコモグループ	14
	鹿島	14
	住友電気工業	14
	第一三共	14
	東京海上日動火災保険	14
	有限責任監査法人トーマツ	14

表2　2022年卒業生の主な就職先

出所）東京大学新聞より集計。協力・大学通信

２０１８年にトップになって以降、２０１９年の2位を除いて首位が続いている。

学部生に限れば、トップは2年連続で楽天グループである。以下、２位マッキンゼー・アンド・カンパニー、３位三菱ＵＦＪ銀行、４位ＰｗＣコンサルティング、５位に三菱商事と三井住友銀行が続く。外資系コンサルやＩＴ関連企業が上位に躍進しているのがわかる。一昔前の卒業生からすれば、全く意外な結果ではないだろうか。

次に、東大の公表データを遡り、学部卒業生の業種別の進路を調べてみた。20年前の２００３年卒業生では、最も多いのは公務員（１９６人）で、就職者の18％を占めていた。金融・保険（１８３人）、サービス（１６２人）、情報・通信（１５７人）と続いている。

公務員は、２００４年の学部卒就職者の20％を占めた。しかし、２００５年に金融・保険が上回ると、以降、業種別では一貫して最も多くなる。公務員は、２０２２年卒業生では12％まで下がっている。業種別で増えているのが情報・通信で、２０２２年は公務員を上回り、金融・保険に次いで多くなった。製造業も２０１８年あたりから減少傾向にある。

揺らぐ「エリートコース」、官僚志望は激減

続いて、官僚志望者が受ける国家公務員総合職試験（春）の合格者数の推移を見てみた

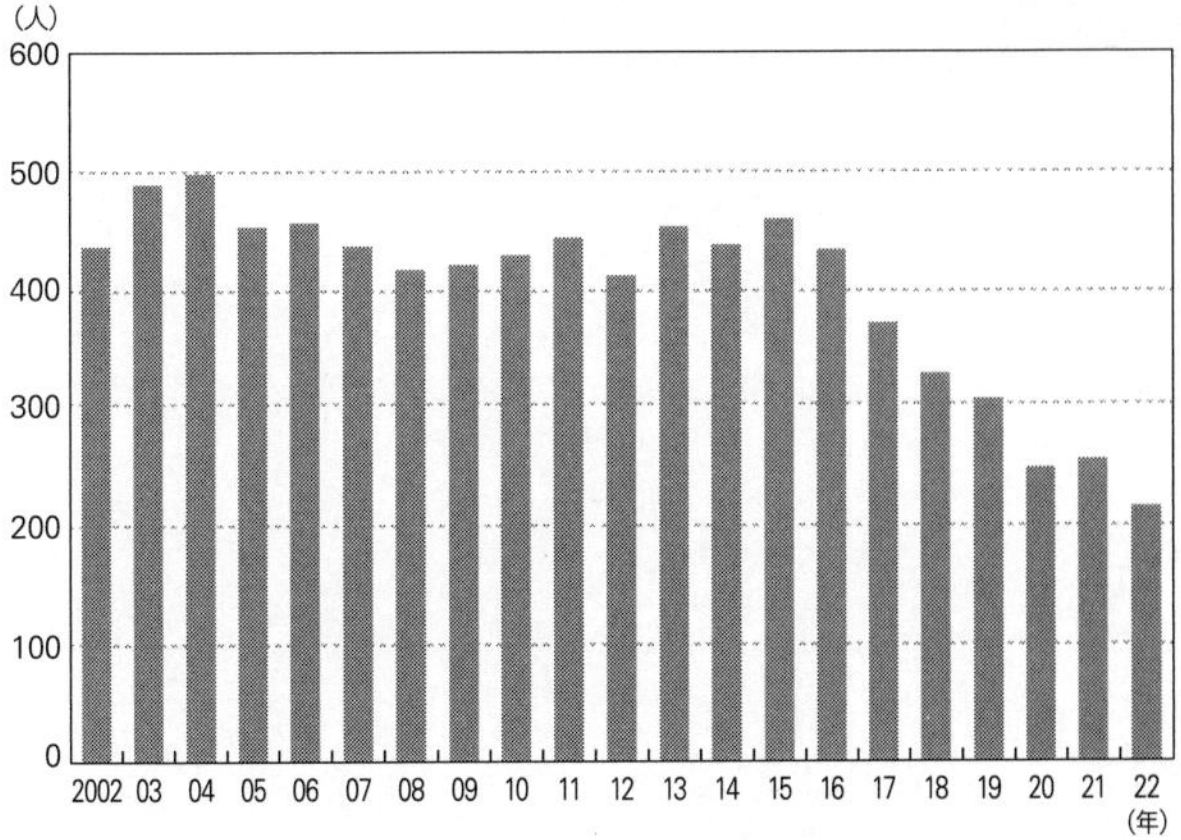

表3　国家公務員総合職試験（春）東大からの合格者数の推移

（表３参照）。１９９０年代前半まで東大は毎年５００人前後の合格者を出していた。90年代後半に４００人を下回った時期があったが、２００２年から増加し、２０００年代前半には５００人近くまで戻った。以後、漸減しながらも２０１６年まで４００人台半ば～前半の合格者数を維持していたが、２０１７年以降は急激に減少している。

電通の過労死事件（２０１５年）をきっかけに、長時間労働が社会的な問題になるなかで、官僚が国会対応などに追われて深夜まで働いていることや、人事や政策が官邸主導になり、官僚の裁量権が減ったことなどで、学生にとって魅力が減っているようだ。かつてのような天下りが規制されるようになったこともある。

東大生に取材すると、今も「入学時は官僚になろうと思っていた」「官僚になって国を動かしたいと思っていた」という学生は少なくない。ただ、学生団体や地域おこしなど様々な活動をしたり、卒業生から官僚の実情を聞いたりしていくなかで、別のことに興味を持ったり、官僚への志望が薄まっていったりするケースもあるようだ（これは次の第1章を読んでいただきたい）。伝統的に官僚志望が多かった法学部の4年生たちに聞くと、「官僚志望は少なく、法学部の2〜3割くらい。法曹志望が3割くらいでは」と言う。

4位	5位
マッキンゼー	日立製作所
楽天グループ	野村総合研究所
トヨタ自動車	三井住友銀行
ソニー	トヨタ自動車
みずほFG	日立製作所
日立製作所	みずほFG
トヨタ自動車	東京海上日動火災保険
東芝	リクルートグループ
三菱重工業	三井物産
富士通	三菱電機
東芝	富士通
三菱東京UFJ銀行	三菱重工業
三菱商事	富士通
日立製作所	三菱商事
みずほFG	NTTデータ
NTTデータ	東芝

出所）東京大学新聞より集計。協力・大学通信

就職先上位5社15年間の変遷

近年、東大生に人気なのは、外資系コンサルである（表4参照）。２０２２年の大学院生を含めた就職先では、1位のアクセンチュア（53人）のほか、4位マッキンゼー・アンド・カンパニー（40人）、6位ＰｗＣコンサルティング（34

	1位	2位	3位
2022年	アクセンチュア	ソニーグループ	楽天グループ
2021年	アクセンチュア	ソニーグループ	日立製作所
2020年	アクセンチュア	ソニー	野村総合研究所
2019年	日立製作所	アクセンチュア	日本IBM
2018年	アクセンチュア	トヨタ自動車	野村総合研究所
2017年	トヨタ自動車	アクセンチュア	三菱東京UFJ銀行
2016年	日立製作所	三井住友銀行	三菱東京UFJ銀行
2015年	日立製作所	三菱商事	三菱東京UFJ銀行
2014年	日立製作所	三菱東京UFJ銀行	トヨタ自動車
2013年	日立製作所	三菱東京UFJ銀行	三菱商事
2012年	日立製作所	三菱商事	三菱東京UFJ銀行
2011年	三菱商事	日立製作所	楽天
2010年	日立製作所	三菱東京UFJ銀行	NTTデータ
2009年	ソニー	みずほFG	トヨタ自動車
2008年	三菱東京UFJ銀行	日立製作所	ソニー
2007年	みずほFG	日立製作所	大和証券グループ

表４　東京大学就職先上位５社の変遷

人）、25位ＥＹストラテジー・アンド・コンサルティング（15人）が上位に入っている。

２０２１年は上位10社のうち、１位アクセンチュア、６位ＰｗＣコンサルティング、７位マッキンゼー・アンド・カンパニー、８位デロイト トーマツ コンサルティングと外資系コンサルが４社を占めている。

総合商社は以前から人気が高く、毎年、三菱商事、三井物産、住友商事などが就職先の上位に入っている。ただ、２０１６年以降は大学院生を含めた就職者数で上位10社に入らなくなった。三菱商事は、２０１１年は１位（41人）、２０１２年

（39人）と２０１５年（37人）はともに2位だったが、２０２２年は16位（21人）に下がっている。外資系コンサルに流れている面があるようだ。

外資系コンサルの人気の背景には、仕事は激務でも自分の成長を感じられることや、高い目線で業界を見られること、給与水準の高さや人脈が広がることなどがあるようだ。コンサルの仕事をステップに、起業やキャリアアップを目指す学生も少なくない。時間をかけてじっくりと優秀な社員を育てる日本型の総合商社とは、人材育成で異なる点がある。キャディの加藤ＣＥＯのなかで出てきた、東大生にとって「格好いい」業種が近年はここにあると言えるだろう。

増加が目立つのが、情報・通信である。楽天グループは２０２０年から上位10社に入るようになり、２０２０年7位（27人）、２０２１年4位（32人）、２０２２年3位（44人）と上がっている。先に触れたように、学部生では２０２１年から連続1位だ。ソフトバンクとヤフーも２０２０年あたりから上位に入ってくるようになった。ソフトバンクは２０２０年20位（18人）、２０２１年10位（23人）、２０２２年6位（34人）と順位も就職者数も伸びている。２０２２年は20位にファーウェイ、２０２１年は10位にアマゾン ウェブ サービス ジャパン、25位にアマゾンジャパンと外資系の情報・通信会社が入っているのも変化を表している。

金融・保険は、業種別の就職者数では最多を維持しているが、メガバンクを中心に数は減っている。２００７年は、１位みずほフィナンシャルグループ（82人）、３位大和証券グループ（38人）、６位野村證券（32人）、８位に三井住友銀行と三菱東京ＵＦＪ銀行（各27人）と、上位10社のうち５社を占めていた。しかし、２０２２年では上位10社にはどこも入っておらず、11位三菱ＵＦＪ銀行（25人）が最上位になっている。

変わる進路、変わる価値観

製造業は、就職者数が減っている。２００７年は上位20社に、２位日立製作所、５位東芝、７位トヨタ自動車、12位に三菱重工業と富士通、15位キヤノン、17位ソニー、20位ＮＥＣの８社が入っていたが、２０２２年は２位ソニーグループ、５位日立製作所、９位富士通、14位の中外製薬と富士フイルムの５社に減っている。

製造業が復活するかどうかは、日本経済の行方を左右する。キャディの加藤ＣＥＯが言うように、「トップクラスの学生が行きたい産業に製造業が位置できるようになること」ができるかどうか、そのために生産性を上げられるかどうかが重要になる。

東大生の目指す進路や意識が変わってきたのは、日本社会や経済の環境の変化が背景にあるのだろう。就職先のランキング上位には、まだ規模が小さいスタートアップは出てこない。しかし、最近の東大生はスタートアップのインターンに参加することが普通になり、そのまま就職したり、有名企業に就職しても数年で退職してスタートアップに移ったりする卒業生が出てきている。東大で長年、起業家教育を担ってきた各務茂夫・東大大学院工学系研究科教授は「学生たちの周りに東大関連スタートアップがたくさんあるので、スタートアップとかベンチャーとか言っても、学生は驚かなくなっている」と言う。東大生や卒業生の価値観がこの10年余りの間に大きく変化していることは間違いない。

第1章

休学する東大生

10年あまりで2倍近くに急増した休学者

学生団体や会社を立ち上げた東大生に会っていると、複数の学生から興味深いことを聞いた。

「最近は休学して自分のやりたいことをする人が増えているんですよ」

受験エリートである東大生と休学のイメージとは、すぐには結びつかない。本当だろうか。気になって、公表されている教育情報からその端緒がつかめないかと思い、東大のホームページを調べてみた。すると「学生数の詳細について」のなかに、在籍者数に続いて、内数として外国人学生数と休学者数が、学部や大学院研究科ごとに載っていた。データは2009年まで遡って掲載されている。

2022年までの休学者の数字を学部ごとに抜き出し、見ているうちに驚いた。学部生の休学者は年を追って増え、2022年の休学者（5月1日現在）は387人。2009年の209人に比べて、85%も増えていた。休学者は2016年に300人を超え、2019年には375人になった。新型コロナウイルスの感染が拡大した2020年以降は、行動が制限されたことで減っているのではないかと思ったが、それまでと同程度の増加傾向が続いていた（表5参照）。

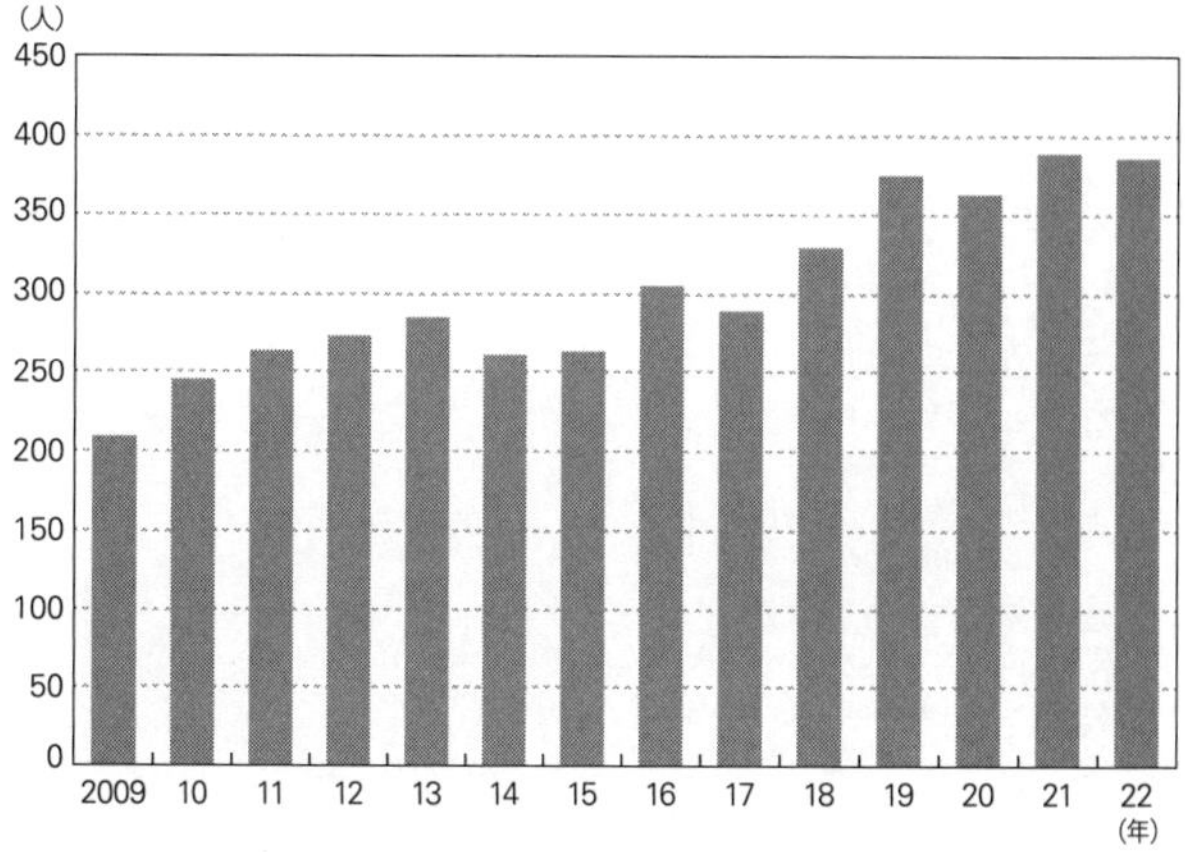

表5　東大の休学者数の推移

学部別に見ると、文学部や工学部、１～２年次の教養学部前期課程の休学者が多い。一方で、大学院生は２００９年以降でほとんど変化がない。大学院に進学すると、将来の方向性がはっきりするからではないか、学部生に何らかの変化が起きているのは間違いなさそうだ、と思った。

後でわかることだが、東大の休学者がこの10年余りで２倍近くに急増していることは、東大の教職員や学生たちもほとんど知らないことだった。

データを書き写した後、２００８年以前のデータはないか、休学者が増えた理由をどうとらえているのか、広報課に取材を申し込んだ。だが、返事は期待外れだった。「２００８年以前の休学者数は保存年限（10年）を過ぎているため、対外的に提示できる正確なデータはない」、休学者が増えている理由についても「大学としてその点を分析してはおらず、申し上げられる見解がない」ということだった。要は、休学者が急増していることやその背景について、把握、分析していないのだ。学生の動向やメディアへの発信に鋭敏な私立大学なら、気の利いたコメントを出すだろうに、と思った。

一般的に、大学生の休学はネガティブにとらえられることが多い。病気やメンタル面の不調、経済的な事情などによるケースが多く、退学につながりかねないからだろう。確かに、東大でもこうした理由による休学もあるだろうが、これだけの増加傾向の背景には、何か他の要因があるに違いない。

かつての東大には、優秀な学生ほど早く結果を出して卒業する風潮があった。在学中に司法試験に受かったり、法学部を卒業してすぐに助手になったり、あるいは3年生で外交官試験に合格し、中退して外務省に入るケースもあった。

卒業を延ばす休学者の急増は、「早く結果を出す」という、これまでの風潮とは逆行する動きである。こうなると、実際に休学した学生に聞いてみるほかない。

１年休学して漁村へ、「人間が変わった」と言われる体験味わう

岩永淳志さんの場合

「僕は、都会の生活しか知りませんでした」

取材で知り合った学内情報集約サイト「ＵＴ－ＢＡＳＥ」の代表者に、休学者の知り合いがいないか尋ねてみた。すると紹介してくれたのが、大学院農学生命科学研究科修士課程１年の岩永《いわなが》淳志《あつし》さん（23）だった（学年、年齢は２０２２年の取材時。以下同）。会ったのは、本郷キャンパスのラウンジ。岩永さんはリュックを背負い、スーツケースを引いて、待ち合わせ場所に現れた。聞くと、活動している和歌山県美浜町から帰ってきたところだと言う。

岩永さんは、日比谷高校から文科二類に入学。経済学部３年だった２０１９年８月から１年２か月休学し、和歌山県の漁村にあるゲストハウスに住み込みで仕事を手伝いながら、地元ＮＰＯの町おこし活動に携わった。

「僕は大阪府で生まれ、幼稚園のときに東京に来たので、都会の生活しか知りませんでした。田舎の生活がいかに大変で、いかに楽しいか。その実感を得たいと思っていました」

1年時の文化人類学の授業で中国・南京市にフィールドワークに行ったことが、自分を見つめ直す大きなきっかけになった。南京大学の学生と一緒に市内のスラムを歩き、興味を持った人に頼み込んで生活を共にするという内容だった。岩永さんは小さな商店街で麺をつくっている男性の家で2日間過ごした。

「ぼろぼろの家で衛生状態は悪く、最初はかわいそうな家族だと思いました。でも、食事はおいしく、困ったときには近所の人と助け合う。自分の東京での暮らしより、毎日が充実している様子でした。自分が豊かな生活に慣れきっていて、上から目線の偏った見方をしていたことを痛感し、価値観が変わりました。そこに住んでいる人にしか見えないことがあり、そこで暮らしてみて物事を見ることがいかに大事かを知りました」

2年時には、東大の様々な国際プログラムを活用して、タイやインドネシアに1週間～1か月間、短期留学した。現地の学生に日本の豊かな自然や、都市と地方の格差などについて話そうとしてもうまくいかず、自分が日本のことをいかに知らないか痛感した。

生きる技術を学ぶ

休学して向かった先は、和歌山県西部にある美浜町三尾《みお》地区。選んだのには2つの理由がある。一つは、高校卒業時に図書室の司書から「読んでみなさい」と『カナダ移民排斥史』（新保満著、未来社）を贈られたこと。美浜町の西端にある三尾地区は、明治時代に多くの住民がカナダに出稼ぎ移民した地域で、同書は三尾地区出身者の一生を描いた本だった。もう一つは、岩永さんが好きなアニメ『ＡＩＲ』の舞台が三尾地区だったこと。２年の夏に「聖地巡礼」の旅として同地を訪ね、贈られた本とも結びついたことに縁を感じた。

　三尾地区で生活した１年余りは、ゲストハウスの部屋の清掃や寝具の洗濯などをする代わりに宿泊料を免除してもらった。そのうえで、町おこしを進める地元ＮＰＯの活動に参加してアルバイト料をもらって生活費に充てた。三尾地区の歴史を伝える博物館「カナダミュージアム」の資料整理をしたり、地域の人々に聞き取り調査をしたりもした。空き時間には、なるべく地元の住民に話しかけ、輪に入っていくようにした。

「三尾地区の住民は５００人弱ですが、半分くらいの人と

岩永淳志さん

は話しました。お年寄りが多く、『自分の孫みたいだよ』と言ってかわいがってもらいました。田舎での生活は楽しく、都会で見ていたものがいかに狭かったのか実感しました。僕は必死に勉強して東大に入りましたが、最初はゲストハウスの皿洗いもうまくできませんでした。地元の人は梅酒を漬けたり、家の修繕をしたりと、いろんなことができます。勉強ができる自負はありましたが、生きるうえで必要なことがたくさんあり、それを全然できないことを知りました。そして生きていくための基本的なことを、地域のおじいちゃん、おばあちゃんが教えてくれました。地域の人と一緒に生活した1年間が、僕の人生をガラリと変えました」

田舎で見つけた「グローバルリーダー」像

東大に入ったときは官僚になりたかったという。あるいは外資系の企業で働くことも考えていた。高校では「グローバルリーダーになれ」と言われてきた。しかし、三尾地区での体験を経て、考え方が変わった。

「外資系や名だたる大企業に入ってエリートコースを歩むのが〝グローバルリーダー〟と思われていますが、喫緊の社会課題である限界集落といかに向き合うのかという問題は、全世界に共通する大きなテーマです。東大生の多くが考えがちな限られた将来像を目指さなくても生きていけるという確信を、田舎暮らしを通じて持てました」

２０２０年10月に復学すると、産直通販アプリ「ポケットマルシェ」を運営する高橋博之《たかはしひろゆき》代表と知り合い、全国の学生を農村や漁村に派遣する「青空留学」の企画、運営に関わった。

官僚への未練はあったが、自分がやりたいことは三尾地区にあり、三尾で新しいことにチャレンジしようと決意した。経済学部から大学院農学生命科学研究科に進学し、三尾の農村の歴史を研究した。

安定と挑戦のはざまで

休学が終わってからも3か月に一度は三尾に通った。話を聞いたときは、約40日後にカナダミュージアムで始まる企画展「日系移民の歴史展」の準備で忙しそうだった。

これから先のことをどう考えているのだろうか。

「いずれ三尾に移住したいと思います。古民家を活用して町づくりに取り組んだり、たくさんある空き家をリノベーションして店や宿にしたりしたいです。博士課程に在籍しながらになるのか、まだわかりませんが、自分が大切と思うことをするのが大事だと考えています」

岩永さんの周りには、休学経験のある東大生が十数人はいる。スタートアップでインターンしたり、地域おこし協力隊で1年半活動したり、1年かけて国内の農村を回ったり、と様々だ。休学する東大生がこの10年余りでほぼ倍増しているというデータを教えると、「へえー、そうなんですか」と言った後、こう語った。

「多くの東大生の頭のなかには、従来通りのエリートコースに乗りたい気持ちと、みんなと一緒ではいけない、周りとは違う何かをしようと焦る気持ちがあって、後者が休学するモチベーションになります。僕も美浜町に行ったときは、和歌山県内でたった一人の現役東大生だろうと気負っていました。けれど3年間通い続けると、滞在時に知り合った高齢者が3か月後に再訪したときには亡くなっていた、ということもあります。そうした経験を重ねて、自分も周りからの評価ではなく、自分が大切だと思ったことを一番にして生きようと思うようになりました。周りからも『人間が変わった。丸くなった』と言われます」

「エリートコースに乗りたい気持ち」と「周りとは違う何かをしようと焦る気持ち」との葛藤。これは、休学を選択していない東大生でも、心のどこかに潜んでいる感情かもしれない。しかし驚くのは、岩永さんが「三尾地区に移住したい」と思っていたことだ。短期間の腰掛けではなく、本気なのである。

取材から半年経った２０２３年初めに近況を聞いてみると、「本気度」はさらに増していた。三尾地区には通い続けていて、最近は１か月に１週間は三尾にいると言う。「現地で古民家を購入し、住民票も移して本格的に移住することにしました。就職はせず、自分の行けるところまで自分で切り開いてみます」と今の心境を明かす。

休学期間の経験が「自分を変えた」と言う岩永さん。これからどういう人生を歩むにしても、貴重な経験を血肉にして、どこでもたくましくやっていけるだろうと思った。

「今までとは違い、自分の意志で動いてみたかった」

佐藤美乃梨さんの場合

「これまで何を軸に生きてきたのか、わからなくなりました」

話を聞いた休学者たちは、自身の内面のことを赤裸々に、しかも淡々と話す人が多かった。工学部社会基盤学科４年の佐藤《さとう》美乃梨《みのり》さん（21）もその一人だ。

２０２２年８月３日夜、佐藤さんは成田空港からスペインのバルセロナ空港に向けて出発した。大学を休学し、現地の自動車関連企業でインターンシップをするためだ。休学を考え始めたのは、３年になって理科二類から工学部社会基盤学科に進み、４か月ほど経った２０２１年の夏休みだった。

「周りの学生が企業のインターンに参加して就活を始めたり、大学院進学を検討したりしていました。私は学科の勉強にいまひとつなじめず、かといって就活しようという気も起きませんでした。それでこれまでの自分を振り返ろうと思いました。自己分析の結果、気づいたのは、これまでの私はすべて周りと同じレールに乗っていたということです。自分の実力による大きな成功体験もなく、自分のせいで多大な損害が出たような失敗体験もありません。これまで何を軸に生きてきたのか、わからなくなりました」

小学校から中学・高校まで白百合学園に通い、現役で理科二類に合格した。両親からはずっと「偏差値の高い大学に行ってほしい」と望まれていた。高校時代は塾漬けの生活で、高３になると英語は平岡塾、化学はＳＥＧ、生物は駿台予備学校、数学は遠山数理教育研究会と、週４日、東大受験生に名の知れた塾に通った。

大学に入ってからは、教育系ボランティア団体、学生団体、社会の現場を見に行く自主ゼミ、若者の投票を呼びかける一般社団法人、環境問題に取り組むＮＧＯなど、様々な活動に参加した。だが、これまでの自分を振り返って感じたのは、こんな思いだった。

「私って自分の意志で動いたことがなかったなあと思いました。東大を受験したのも、自分が行きたい理由があったからではなく、塾に通っていた周りの人が東大を目指していたから。大学に入って様々な活動をしたのも、多くは知人に誘われたり、社会的に価値があるとされていたりしたからで、自分の心の本当の思いではないという違和感がずっとありました」

佐藤美乃梨さん

就職も大学院への進学も、今の自分の進路ではない。思い浮かんだのは、「一回休学して、周りに影響されずに自分で動いてみよう」ということだった。４年になる２０２２年４月から休学することを決めたのは、その前年の８月末。とはいえ、休学して何をするかは決めていなかった。

身にまとったラベルをはがす

地域おこしに関わることなどを考えていたが、「ヴルカヌス・イン・ヨーロッパ」が参加者を募っていることを知った。日本の理工系学生が、EU加盟国にある企業で1年間、インターンや語学研修を行うプログラムだ。そのなかから学部生でも応募できるスペインでのインターンに応募し、採用された。現地の自動車関連会社で、車が衝突したときの衝撃を調べるテストや、チェックリストの作成といった裏方に携わるプログラムだった。

2022年4月から休学期間が始まると、語学学校に通い、インターンに向けて準備を始めた。現地で住む部屋もネットで探して決めた。語学学校の授業料や渡航費は主催する日欧産業協力センターが負担するうえ、派遣先での滞在費も月ごとに一定額が支給されるため、家賃や生活費を合わせてもギリギリ何とかなりそうだった。

両親に休学の件を打ち明けたところ、費用の自己負担がなく、目的も決まっているなら、と快諾してくれた。

佐藤さん自身、大学時代にこのような経験をすることになるとは思ってもいなかった。高校時代は化学と生物が得意だったので、大学に入ったら理系の学部に進んで、大学院に行くのかな、その先は研究者になる道も就職する道もあるのかな、などと考えていた。

スペインに渡る前の2022年1月から7月まで、都内のシェアハウスに住み、ポーランド、オランダ、ドイツ、韓国、米国などの外国人と住まいを共にした。シェアハウスの内覧客を案内したり、掃除したりする代わりに、家賃や食費を免除してもらった。外国人と一緒に暮らして気づいたのは、自分がずっとマジョリティー（多数派）の立場にいたことだ。東京で育って、私立中高に行って、東大生ゆえに優遇されて、いろんな選考をパスすることがあった。しかし、物事のとらえ方が違う外国人のコミュニティーに入れば、日本的な常識は通用しない。

「自分はこれまで、身にまとったラベルを武器に行動してきたんだと気づきました。ラベル抜きでやってみよう、自分の実力でやってみようと思いました。スペインのインターンに参加したのは、日本よりも開かれた労働環境を体験し、留学生という守られた立場ではなく、マイノリティー（少数派）の労働者として生活することで、自分に合う環境を具体的に突き詰めたかったからです」

インターンが始まってから何度か連絡を取って、様子を聞いた。「自分の専攻とは全く別のこと、使いこなせない言語に苦戦していますが、今まで気づかなかった一面や、学業とはまた違った仕事のやりがいを感じることができています」（2022年10月）。「日本ではあまり苦労したことのなかった私が、こちらに来ると、スペイン語もしゃべれないアジア人という立場で生活しなければならないと感じました。スペインでは、インターンなどで経験を積みながら徐々にキャリアアップしていくのが普通で、私の部署でも大学院に通っているインターン生が常に数人いました。将来、海外の大学院に通ってヨーロッパで就職するのか、日本に帰って就職するのかを考えるのに、とてもよい判断材料になりました」（2023年3月）。

「なんとなく」の連鎖を断ち切る

2023年3月にインターンを終えて帰国し、4月から復学した。主に地盤災害や液状化を専門とする研究室で、基礎研究寄りのことに1年間取り組むつもりだ。卒業後、どんな仕事をするのか、あるいは大学院に行くのかはまだ決めていないが、休学中の体験はこれからのキャリアを考えるうえで、非常に大きな影響を与えてくれたと思っている。

「私みたいな東大生はすごく多いと思います。私はたまたま、このプログラムに出会えたからよかったですが、東大に入る強い理由がないまま東大に入り、なんとなく周りに合わせて就活して卒業していく人はかなりいると思います」

佐藤さんが言うように、「大学入試の最難関だから」という理由で東大を受験、入学し、なんとなく周りと同じように就活し、卒業していく学生は少なくないのだろう。もちろん、東大を目指す強い動機がなくても東大に合格できるのはすごいことだ。しかし佐藤さんにとっては、休学によって「なんとなく卒業する」ことなく、自分自身を見つめ直す貴重な時間を持てたことは、間違いなくプラスに働くだろうと思った。

休学者たちは、学部を超えて連絡を取り合い情報交換するなど、互いにつながっていることが多い。特に女子学生はツイッターで「#休学者」の＃（ハッシュタグ）を使い、つながっていた。このため、最初に取材した岩永さんと佐藤さんに他の休学者の紹介を頼むと、即座にそれぞれ10人近い取材対象者の名前を挙げ、その人たちが何をしているか教えてくれた。裏を返せば、それだけ休学者が学内にいるということだ。休学者が急増している現状を目の当たりにする思いだった。

「自分は何をしたいのか」全国を回って問い続ける

吉良倫太郎さんの場合

「現場に足を踏み入れたがゆえに、わからなくなりました」

入学当初は官僚志望だった学生が、様々な活動を重ね、休学を選択して自分の関心事を見つめ直すうちに、志望が変わっていったケースも少なくない。

法学部４年の吉良《きら》倫太郎《りんたろう》さん（25）は、２０２１年４月から１年間休学し、鹿児島県の屋久島や宮崎県都農《つの》町などに住んで、地域おこしに携わった。そこに至るまでには、「自分は何をしたいのか」と問い続けた葛藤があった。

大分県立大分上野丘《うえのがおか》高校の出身で、２年浪人して文科一類に入った。入学当初は、社会をよりよくしたい、いい方向に変えたいという気持ちがあり、官僚になればそれができると思っていた。

入学後、学生が政策立案を通して社会問題を考える学生団体「ＧＥＩＬ《ガイル》」（東大や一橋大などの学生で構成）に入った。官僚になった東大卒業生にこの団体の出身者がたくさんおり、団体の活動によく姿を見せていた。夏休みには全国から約80人の学生を集め、1週間泊まり込みで議論して政策をまとめ、国に提案した。2年時には外国人労働者問題を年間テーマに設定し、OBの紹介で経済産業省や厚生労働省、文部科学省を訪問した。

参加したもう一つの活動が、学内の地域おこしサークル「東大むら塾」。千葉県富津《ふっつ》市で畑作や稲作をしながら、米のブランド化や地域活性化を住民と一緒に考えた。どうやって地方創生するのか、人口減少をどうするのか、現場に入って体験しようと思った。

吉良倫太郎さん

「2つの活動を通じて、いろいろな気づきがありました。一つは、社会課題を解決するには、官僚になるだけではなく、民間企業やNPOとして携わったり、スタートアップをつくったりと、いろいろなやり方があるということ。もう一つは、ある課題を掘り下げて学ぶほどに、問題の根が深く、いろんな要素が複雑に絡み合っているということです」

富津市以外にも「東大むら塾」の活動拠点をつくろうと

リーダーになって動き、福島県飯舘《いいたて》村に決めた。「むら塾」顧問を務める教授の研究フィールドが飯舘村で、縁があった。福島第一原発の事故に伴い、全域が避難区域になった飯舘村。吉良さんが活動した当時は避難指示が解除されて2年ほど経った時期で、原発事故の前には約６０００人いた人口が８００～１０００人になっていた。

２年の夏から半年間で20回ほど飯舘村に通い、そばをつくったり、住民にヒアリングしたりして、村のことを冊子にまとめて住民に配った。

「飯舘村に通うようになって、自分が描いていた地方像が変わりつつありました。入学時は社会の課題を〝解決してあげなきゃ〟という気持ちがありましたが、住民たちは農業経営者として魅力的で、自分にはないものを持っていました。そして同時に、地方が抱える構造的な課題を解決できないまま、『息子には農業を継がせられない』と悩んでいました。現場に足を踏み入れたがゆえに、課題の難しさに気づき、自分がどういう職業選択をして関わればいいのか、わからなくなりました」

1冊の本と出会い、全国を巡る

「むら塾」の先輩に悩みを相談すると、１冊の本を薦められた。高橋博之『都市と地方をかきまぜる』（光文社新書）。高橋氏は生産者と消費者を直接つなぐスマホアプリ「ポケットマルシェ」の代表者だ。

「本を読んで、悩んでいた自分にビビッと来ました。高橋さんの下で学んでみたいと思い、フェイスブックのメッセンジャーで猛烈にアタックし、受け入れてもらいました」

法学部に進んだ3年の4月から1年間、高橋代表の下で活動した。高橋代表から「教科書は放り投げて、農家や漁師の現場を回るぞ」と言われ、47都道府県を高橋代表と2人で回る「ＲＥＩＷＡ47キャラバン」を7月から始めた。事務方を担い、現地での行動計画立案や会場の手配、車の運転手などをこなした。ちょうど新型コロナウイルスの第一波が広がり、大学の授業がオンラインになった時期で、オンライン授業を受けながら全国を回った。

「最初の3か月は憧れの高橋さんと一緒に回れることで、有頂天でした。しかし全国の農業や漁業の現場を回るうちに、そもそも自分はどうして他者に貢献したいのか、どうして世の中をよくしたいのかわからなくなり、自分のなかで葛藤が始まりました。農家や漁師の人たちは『これが好きだからやっている』と一本の筋が通っています。翻って自分はどうなのか。これまで『ザ・優等生』タイプとして、社会の基準とされているものに従って、社会の『正解』を追い求めて生きてきたけど、自分なりの正解や基準がないじゃないか。各地で出会う尖った大人たちと我が身とを比べて、どんどん悩んでいきました」

官僚や大企業で、本当にそれでいいのか

それが3年の後半で、進路選択を迫られる時期でもあった。官僚になるなら、国家公務員総合職試験を受けなければいけない。企業のインターンは3年の夏から冬にかけて多く行われる。官僚や大企業への道に進もうと思えばできるが、本当にそれでいいのか。このまま単位を取って卒業したら、元の「正解」を求めるルートに戻るのではないか。せっかく自分が変わり始めた感覚があるのだから、それを大事にした方がいいのではないか。そう考えて、1年休学することを決めた。4年になる直前の２０２１年2月だった。

「自分は人生で何をしたいのだろう、どんな職業に就けばいいのだろうと葛藤し、それが休学につながりました」

休学してからはポケットマルシェを離れた。「まっさらになって、自分の目で社会を見たい。自分が何をしたいのか突き詰めたい」と思った。

前年のキャラバンで知り合った屋久島の女性が、経営するゲストハウスのスタッフを募集していることを知り、7月から2か月間、住み込みで働いた。9月にはキャラバンで知り合

った人たちに会おうと、車で北陸～山陰～九州～四国～東海と回り、10月から１か月間、北海道の北部にある音威子府《おといねっぷ》村に住んだ。

２０２１年12月から２０２２年３月までは、人口約１万人の宮崎県都農町で、町づくりを担うスタートアップ「イツノマ」のインターンとして、耕作放棄地と空き家を利用したホステルに住み、ゲスト対応や部屋の清掃などをした。

「イツノマ」は、キッザニア東京の企画・運営に携わった中川敬文《なかがわけいぶん》氏が都農町に移住して起業した。教育事業にも関わっており、町内の小・中学校の総合学習の時間を１年間担当し、吉良さんがサポートを務めた。中学校では週１回、農業や気候変動、起業をテーマにした。

自分なりの「正解」をつくる

２０２２年４月に復学し、大学に通う生活に戻った。

「この２年間は自分のなかでの転機でした。社会の正解を求めて生きるのではなく、自分なりの正解をつくろうと考えるようになりました。これが、葛藤の末にやっと見え始めた選択肢です。卒業したら都農町に移住して、イツノマに就職しようと思います。茨の道だと思いますが、覚悟を持って進んでいきたいです」

官僚の道は捨てたのだろうか。

「官僚になろうという思いはまだあります。ただ、ファーストキャリアとしてはやめたということです。自分のように最初に現場に入って、トライ＆エラーを重ねながら地方創生するモデルが、これから必要になると思います。まずは１万人規模の都農町でそのモデルをつくり、その後に２つ目、３つ目のモデルをつくりたいです。そのために起業するのか、官僚になるのか、まだわかりません。卒業生に官僚が多い東大に入ったからこそ、官僚と現場の間に入って、橋渡し役になれたらいいと思います」

２０２３年３月に卒業すると、覚悟を決めていた通り、イツノマに就職する道を選んだ。

「将来のキャリアとしては、現場と中央官庁を行き来しながら、高齢化や過疎化などの社会課題の解決に寄与できる人材になりたいと考えています。そのために、まずは現場で実践を積みつつ、官庁に就職した同期や先輩とのコミュニケーションを継続する予定です。そうしたビジョンを実現するための手段として、起業も視野に入ってきました」

東大生は社会の変化を映す

東大の休学者が増えている理由を尋ねると、吉良さんは次のように答えた。

「社会的な要因が大きいと思います。一つは終身雇用が崩れ、社会制度が変化したことです。官僚になっても、外資系のコンサルや金融に入っても、その次のキャリアを考える人が増えていると思います。以前のように４年で卒業して有名企業や官庁に入ってずっと勤めるのではなく、自分でキャリアを選び取る必要が増していて、学生時代に様々なことを体験しようとしているのだと思います。もう一つはコロナの影響です。当然視していたことが簡単に崩れるのを目の当たりにして、正解だと思っていたことが正解ではないのではないかと考えるようになりました。またオンライン授業で自分の時間ができたことで、どうして大学に入ったのか、自分は何をしたかったのかと考えるようになりました。この２つの要因で休学が増えているのだと思います」

官僚の人気低下が言われるようになって久しい。官僚志望者が受ける国家公務員総合職（旧Ⅰ種）試験で、東大は１９９０年代前半まで毎年５００人前後の合格者を出していたが、最近はほぼ半減している（序章42ページ参照）。ただ、吉良さんも冒頭の岩永さんもそうだが、入学時点で官僚になろうと思っていた東大生は今も多いというのが、学生たちを取材した印象だ。それが様々な体験を経るうちに、「なぜ自分は官僚になりたいのか」「自分は何がしたいのか」と自分自身を見つめ直し、官僚以外にキャリアの選択肢が広がっていくようだ。

「自分と向き合い、このまま卒業していいのかと思った」

山川綾菜さんの場合

「コロナ禍で私の世界は広がりました」

１年のときは国連職員や官僚を志望していたという法学部４年の山川綾菜《やまかわあやな》さん（22）も同じようなケースだ。２０２２年４月から1年間休学し、高知県土佐清水市の足摺岬《あしずりみさき》にあるリゾートホテルでインターンをしながら、地元の高校生らと地域活性化の活動をした。

山川さんは、三重県四日市《よっかいち》市の出身。県立四日市高校から文科一類に入り、川人博弁護士が講師を務める「法と社会と人権ゼミ」や、アフリカに興味のある東大と東京外国語大の学生が「アフリカを学び、発信する」をコンセプトに活動する「MPJ Youth」に参加した。

人権や差別問題への関心は、同和問題などについて学んだ小・中学生のときからあった。四日市高校が文部科学省によるＳＧＨ（スーパーグローバルハイスクール）に指定されていた関係で、高校時代にはベトナムなどを訪れる機会があり、飢餓や紛争などにも興味を持った。

「緒方貞子《おがたさだこ》さんに影響され、大学に入った頃は将来国連で働きたいと思っていました。１年のときに、ニューヨークの国連本部やガーナにも行きました。『MPJ Youth』の活動を通じて、国や地域による政治や社会制度の違いを知り、社会の仕組みや制度、法律への興味が強くなって、官僚を志望するようになりました」

山川綾菜さん

２年になった２０２０年春から新型コロナウイルスの感染が拡大し、授業はオンラインになって自宅にいる時間が増えた。それまで活発に活動していた山川さんは、フラストレーションが溜まった。

「オンラインでいろいろなイベントに参加しました。学外の社会人の方とも知り合い、結果的にコロナ禍で私の世界は広がりました」

「このまま４年で卒業していいのか」

目指す方向性が国連や官僚から変わるのは、３年になって法学部に進んだ頃からだ。この時期になると、就活に向けてインターンシップが始まる。山川さんは、出身地の四日市市にも出店している日帰り温泉の運営会社（本社・埼玉県）に連絡し、2か月ほど経営者のかばん持ちをした後、同社がオーナーを務めるプロ野球独立リーグの球団「埼玉武蔵ヒートベアーズ」でデータを活用する仕事に半年間携わった。山川さん自身、小学生のときに少年野球チームに参加し、それ以降も大学の軟式野球サークルや、神奈川県を拠点とする女子野球チームに入っていた。

この過程で知ったのが、インターン先の本社に近い埼玉県鳩山町で進められていた、東京藝術大学の建築家の教員や学生が関わる町づくりプロジェクトだった。鳩山町に約50年前に開発されたニュータウンは高齢化が進み、人口が年々減少している。学生たちは鳩山町のシェアハウスに住み込み、「鳩山町をより住みやすく魅力的な町にしよう」と取り組んでいた。山川さんも町内のシェアハウス兼アトリエに移り住み、コミュニティー施設にカフェを出店したりした。

「鳩山町で活動するうちに、地域への興味をもう少し広げたい、全国のいろんな地域を見てみたいと思うようになりました。このまま4年で卒業したら、そういう活動はしづらくなると思い、4年になる直前の2月に休学を決めました。その時点では漠然と、半年は国内各地を回り、残り半年は海外を見たいと考えていました」

インターンを通じて地域と向き合う

インターンができるところを探し、先の日帰り温泉運営会社も採択されていた観光庁の高付加価値化事業の一覧に、西伊豆や沖縄などでホテルを運営する会社を見つけた。連絡して話を聞きに行くと、高知県の足摺岬で再スタートしたばかりのリゾートホテルを紹介してもらった。寮に住み込み、ホテルのスタッフと同様にフロントやレストランなどの業務もこなした。

このホテルは、利用客が減った老舗旅館を継承して再生中の施設で、会社側も土佐清水市全体の活性化を図ることを目指している。そのため、地域とどう関わるかを考えるのも山川さんの業務の一つだった。足摺岬の魅力をどうやって伝えるか考えた末、その方法の一つとして地元の県立清水高校の生徒にガイドになってもらい、観光客を案内するアイデアを出し、高校の探究学習の一環として進めた。女子野球の経験を生かして、清水高校の野球部の練習に参加することもあった。

「休学当初は国内各地を回るつもりでしたが、ここで活動するうちに、足摺岬だけに絞って地域と向き合うことにしました。インターン先の会社の事業の一環で、２０２２年12月にウガンダに2週間ほど滞在しました。数日間の旅としてではなく、事業、特に観光の視点から見ることができたのはとても大きな経験になりました。２０２３年2月には、「MPJ Youth」の活動でケニアに2週間ほど滞在しました」

「キャリアも生き方も、もっと自由でいい」

卒業後のキャリアをどう考えているのか、２０２２年夏の取材時には「迷っている」としながら、次のように話していた。

「いくつか道があります。一つは、いま足摺岬でインターンをしている会社に就職し、ビジネスを絡めて地域課題の解決に取り組むこと。2つ目は、官僚になって国の立場で地域づくりに関わること。そして3つ目は、大学の勉強を一度ちゃんとすることです。3年のときは平日にフルタイムでインターンをし、夜は大学の授業をオンラインで聞くという、パンパンの生活だったためです。大学院に進んで、研究者などの専門家になる道もあるかなと思っています。法律とアフリカ、どちらにもそれぞれの専門家はいますが、両方を研究している人は少ないので、大学に戻ったら社会保障や法律をしっかり勉強したいです」

4月からの復学が近づいた２０２３年初めには、考えが少し変わっていた。

「1番目、3番目、それから1番目&3番目があると思います。2番目の、新卒で官僚になるのはなくなりそうです。そのキャリアを歩む人は大学同期にも多くいて、とてもすばらしいと思います。ただ、行政は今すぐではなく、実現したいことの手段として適切だと思うときに挑戦できればと思います。３番目については、大学に戻ってから何を感じるのかが大きいので、専攻やタイミングなどを考慮して挑戦したいと思っています」

足摺岬でのインターンの体験は、山川さん自身にどんな影響を与えたのだろうか。

「大学の講義や研究、学生団体での活動とはまた異なる学びがあると感じました。インターンを通じて、働くことや仕事は面白いと感じ、自分が何かを試したり、実現できたりする環境があることはとても大切だと思いました。そして自分が知らない世界はたくさんあり、キャリアも生き方も人と比べてどちらが優れていると判断できるものではなく、何を重要と考えるかは人それぞれで、もっと自由でいいのだと思うようになりました」

東大生を悩ませる「レール」

休学者を取材していて感じるのは、休学中に経験した活動を通じて、周りの東大生と同じレールに乗らなくていい、自分が大切と思うことや自分の価値観に従って生きればいい、と思うようになる人が多いことだ。ここでいう「周りの東大生と同じレール」とは何なのか、それが変わっていくかどうかが、これからの世の中が変わっていくポイントになるように思える。

休学を考えるきっかけが、3年になって就活が始まったことだったケースも少なくない。現在の一般的な就活スケジュールは、3年になるとインターンシップが始まり、学生は就活に向けて動き出す。この時期から、どんな企業を目指すのか、公務員試験を受けるのか、大学院に進学するのかを考えなければならない。まだ大学生活が半分ちょっと過ぎた時点である。周りの学生と同じように、就活の渦の中に巻き込まれていくのか、その流れに乗って卒業していいのか。自分が本当は何をしたいのか、もう少し見つめ直したい、そのための時間がほしい、と休学を考え始めるパターンである。

東大では、休学期間中の学費はかからない。とはいえ、一般的には家庭の経済的な理由で休学・中退するケースもあることを考えると、休学して卒業を延ばすのは経済的に恵まれているからできる面はある。実際に東大生の家庭年収は高い。ただ、休学して国内外で様々な活動をする学生たちは、ゲストハウスに住み込んで働き、生活費を工面するなど、親に金銭的な負担をかけないようにしているようだ。

休学者が増えているもう一つの理由に、新型コロナの影響がある。前出の吉良さんが言うように「当然視していたことが簡単に崩れるのを目の当たりにして、考え方が変わった」ということもあるが、何より２０２０年春以降の授業がオンラインになり、自分で使える時間が増えたことが大きい。山川さんは次のように話した。

「休学者が増えているのは世の中全体の流れもありますが、やはりコロナの影響が大きいと思います。コロナ前は毎日、大学に行き、サークル活動をするなど、激動の４年間を過ごして就職するのが一般的でしたが、コロナでオンライン授業になって、家にいる時間が多くなり、自分自身と向き合う時間が増えました。私自身も、このまま大学生活が終わっていいのかなと考え、休学を選択しました」

コロナ禍をきっかけに自分の関心事を見つめ直す

川端修平さんの場合

家族の病気と心の変化

新型コロナの感染拡大が引き金になって「生きる意味」を見つめ直し、休学して以前から関心のあったことに取り組み始めた学生もいる。

経済学部4年の川端《かわばた》修平《しゅうへい》さん（22）は2021年4月から休学し、身体と心のバランスを改善する「リバランスワーク」を学んで、埼玉県蓮田《はすだ》市の自宅にサロンを開いた。

開智中学・高校（さいたま市）から文科二類に現役で合格し、経済学部に進んだ。

身体と心のつながり、自然と人間との関わり、食べるとは何か、生きるとは何か、といったことへの関心は、これまで家族が直面してきた状況に影響されて高めてきた。

川端さんが中学1年のとき、父親に虫垂《ちゅうすい》ガンが見つかり、他の臓器にも転移したステージⅣと診断された。父親は「ガンは敵ではない」と考える人で、手術後、抗がん剤治療を受けずに食事療法を行い、結果的に完治した。

父親のガンをきっかけに母親がオーガニック（有機）栽培や無農薬栽培、自然栽培に興味を持つようになり、山あいの山梨県北杜《ほくと》市に通って無肥料野菜、無農薬野菜を育てた。食事を変えると、病気がちだった母親の体調も回復した。

その過程で知ったのが、北杜市に本部のあるリバランスワークだった。リバランスワークは、身体と心のつながりを重視し、硬くなった筋肉をときほぐし、身体が変化したときに現実がどう違って見えるかを深めていく。そんなリバランスワークへの関心が、なぜ休学につながったのか。それにはいくつかのきっかけがある。

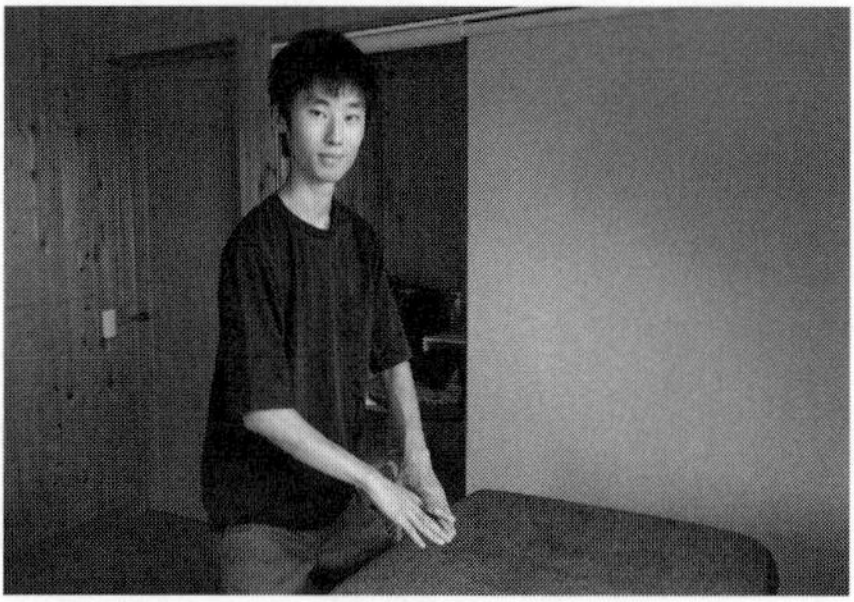
川端修平さん

一番のきっかけは、３年になった２０２０年の春先から感染が拡大した新型コロナだった。

「世の中のコロナに対する考え方に違和感がありました。父親のガンへの向き合い方を見て、ウイルスは排除すべき敵であると考えてはいけないのではないかと思いました。コロナウイルスも繁殖する土壌があったから広がったはずで、すべきことは人間の免疫力を高めることです。免疫力の領分を超えてウイルスを殺すという発想はおかしいと思いました。いろいろと考えるうちに、生きるとは何かという疑問につながり、以前母親から紹介してもらったリバランスワークへの興味が高まりました。3年になって経済学部に進んだ5月からは、毎月2泊3日の泊まり込みで北杜市に通って学び始めました」

一方で、学び始めた専門科目の経済学にはなじめなかった。

「人間の生活を労働と余暇に分け、労働は嫌なこと、余暇はうれしいことを前提にしている授業がありました。しかし、働くのは嫌なことだけではなく、喜びもあります。それに自然のなかの人間という観点から見ると、その前提自体がおかしいのではないかと思い、担当の先生にメールで質問しましたが、納得できる答えを得られず、大学で学ぶ経済学への違和感が大きくなっていきました」

第三の道へ

周りの学生は3年になると就活を意識し始めたが、気乗りがしなかった。夏休みにマーケティング会社で4日間のインターンシップに参加してみたものの、「飲食物の市場は商品があふれているので、その隙間を狙いたい。そこに消費者の需要がある」などと言われたことに対し、「単に利益を出したいからではないか」と思ってついていけなかった。

「大企業に入ったら、根底から疑問を問い直すのは難しい。かといってベンチャーはどこを見てもしっくり来ない。それで就活への興味がなくなりました。自分が何をしたいのか考えた末に、休学してリバランスを究めることにしました」

身体と心は深くつながっているという感覚は、中１のときに合気道を習い始めてからずっと持っていた。稽古に行くと精神が安定するが、稽古を休むと不思議と勉強に集中できなかった。

民間のリバランスワーカーの資格を取り、２０２１年末にはリバランシンググルーム「灯《あかり》」のパンフレットをつくって、自宅にサロンを開いた。利用者は10代から60代まで幅広く、女性が多い。並行して、「身体と平和」などをテーマにしたワークショップや、オンラインでの読書会を開いたりした。リバランスは女性の利用者が多いため、心身の痛みを扱っていくうちに男性社会のひずみを感じ、読書会ではジェンダーに関する本を取り上げることもある。

休学中の２０２２年春、大学の同級生たちは卒業して会社に入っていった。それから１か月ほどした頃、大手企業に就職した同級生が「先輩の姿を見ていると、将来あんなふうにはなりたくない」とリバランスを受けにやって来た。

「もっと気楽に生きられる社会に」

２０２２年10月に、１年半の休学を終えて復学した。大学院で農業経済学を専攻した先輩の修士論文を読んだことが、大学に戻って学びたいことのヒントになった。「現代は土や生き物への関心が失われている。頭でっかちに経済を進めると、土が枯れていく」という内容だ。経済学とはこんな付き合い方もできるのかと新鮮な驚きを感じ、もう一度学んでみようと思った。

復学後は、人間をはじめとする生命同士の関係を経済の原点と考えて、臨床倫理や、食と農の倫理、生命倫理・死生学を中心に履修している。忙しくなったために、サロンの活動は抑え気味だが、リバランスワークの勉強は続けており、公民館などでのイベントに出たりもしている。新たに中国武術も始めた。

「久々の大学での学びが新鮮で、大変ながらもとても有意義なので、今はそこを存分に楽しもうと思っています。今後の展望としては、自然としての人間に立ち返る社会を目指したいです。今は、お金や働くことに縛られ、自分がしたいことすら見えずに苦しそうな人が多いです。もっと気楽に生きられる社会にしたいです」

人を学歴で見ることが性に合わない。高校を卒業する頃、教員から「君の先輩に当たる、東大から日銀に入った人から電話があった。君も頑張れよ」と言われた。

「そういうノリが嫌でした。大学に入ったら、『東大に受かったからいいや』と授業をサボりだす人がいました。自分にも東大生という優越感が全くないわけではありませんが、そこに身を委ねたくありません。周りからは東大生として見られますが、それだけではない面があることを忘れないでほしいです」

エコビレッジを知るため、先進地のデンマークへ留学

谷口由布子さんの場合

「ふだんできないことをし、会えない人に会いたい」

自分の研究対象を深めるために、休学して学外に出た学生もいる。教育学部の比較教育社

会学コース4年の谷口《たにぐち》由布子《ゆうこ》さん（21）は2022年4月から休学し、持続可能な暮らしを追求する地域コミュニティーであるエコビレッジを研究するため、日本国内やヨーロッパを回り、8月からはエコビレッジの先進地であるデンマークの教育機関で学んだ。

エコビレッジのことを知ったのは、大学2年だった2020年夏。「神奈川県で育ったので、ふだんの都会の生活ではできないことをし、会えない人に会いたい」と、農家に住み込みでボランティアができる場所を探した。そして見つけたのが、熊本県宇城《うき》市にある「三角エコビレッジ　サイハテ」だった。

「サイハテ村」は、約1万坪の土地で、持続可能な新しい暮らしを模索するコミュニティーだ。誕生したのは、2011年に起きた東日本大震災の8か月後。大人と子どもそれぞれ10人程度が暮らすコミュニティーに谷口さんは2週間滞在し、農作業の手伝いなどをした。

「すごく楽しくて、充実した時間でした。初めてエコビレッジのことを知り、調べていくうちにもっといろいろな現場を回ってみたいと思うようになりました」

個人的な興味を超えて

エコビレッジとは、環境への負荷が小さい持続可能な暮らしを追求し、住民が支え合いながら主体的につくりあげる地域コミュニティーを指し、世界各地で広がっている。デンマークが発祥の地と言われ、パーマカルチャー（永続可能な農業をもとに人と自然とが豊かになる関係を築く）や、再生可能エネルギーの利用、お互いが支え合う仕組みなどを取り入れていることが多い。

谷口由布子さん

２年の春休みに、千葉県いすみ市の「ブラウンズフィールド」で５日間の体験生活をした。スタッフが共同生活しながら、米や野菜をつくり、カフェや宿泊施設を運営していた。

３年の夏休みには、神奈川県相模原《さがみはら》市の山間部にある「廃材エコヴィレッジゆるゆる」を見学した。使われていない古い工場を再利用し、廃材を使って小屋や家具をつくったり、太陽光で発電した電気をコミュニティースペースで使ったりしており、芸術家らが移り住んで一緒に生活している。

「それまでは、あくまでも個人レベルでエコビレッジのようなコミュニティーで暮らしてみたいと思う程度でした。それが、限界集落だった地域に若い人たちが移り住んで地域が徐々に活性化していっている様子を見て、エコビレッジが地域活性や教育、福祉などの社会的な機能を持っていて、社会課題を解決する選択肢の一つになることに気づきました。コミュニティーのなかで人と人がつながりながら暮らすことに可能性を感じ、個人的な興味にとどまらず、研究の対象として考えるようになりました」

「ゆっくりする時間を強制的に取らないとゆとりは持てない」

休学への関心は、早い時期からあった。私立の女子学院中学・高校から現役で文科二類に合格したときは、大学ではゆとりを持って生活したいと思っていた。高校時代は勉強や英語ミュージカルの部活動（ＥＳＳ）、ピアノの練習などと忙しかったからだ。しかし、様々な活動に興味がある性格のため、実際に大学に入ると、川人博弁護士が講師を務める「法と社会と人権ゼミ」や、東大生と卒業生が交流するイベントを企画・運営する学生団体「東大ドリームネット」に参加してやはり忙しい日々を送るようになり、「ゆっくりする時間を強制的に取らないとゆとりは持てない」と感じていた。

２年になった２０２０年春からは、新型コロナウイルスの感染拡大で全面的にオンライン授業になり、図らずもゆっくりする時間が取れたことでその気持ちはいったんなくなったが、エコビレッジと出会ってから再び休学を考え始めた。副代表として活動に力を注いでいた「東大ドリームネット」で、様々な卒業生と出会い話を聞くなかで、休学を勧める人が多かったことにも背中を押された。

留学で新たな軸を得る

２０２２年４月から休学し、２か月ほどは北海道余市《よいち》町や三重県鈴鹿《すずか》市のエコビレッジを回った。ロンドンに１か月半語学留学した後、７月にはデンマークに行き、世界中のエコビレッジの住民・関係者が集まるイベントや、大学や研究機関の研究者がコミュニティーで暮らすことをテーマに議論する学会にも参加した。この学会が企画した、デンマークのエコビレッジを回るツアーにも加わった。その後、スコットランドのエコビレッジであるフィンドフォーンに１週間滞在した。

８月中旬からは、デンマークの教育機関であるフォルケホイスコーレに入った。北欧独自の教育機関であるフォルケホイスコーレは全寮制で、共同生活のなかで対話を重視した授業が行われる。谷口さんの学校はドイツとの国境付近にあり、40人ほどの多様なメンバーと生活を共にしながら、サステナビリティーやパーマカルチャー、バイオダイナミック農法（農薬や化学肥料を使用せず、天体の動きに合わせて作物を栽培する農法）など、エコビレッジでの生活に関わることを学んだ。

「エコビレッジに興味を持ったのはコミュニティーの側面からだったこともあり、留学前は環境に対する意識はそこまで高くありませんでした。しかし、デンマーク社会全体の環境意識の高さを感じたり、授業で学んだりするなかで、気候変動の問題を自分ごととしてとらえるようになり、手遅れになる前に自分も行動していかないといけないと感じるようになりました。ペスカタリアン（肉を食べず、魚介類などを許容する菜食主義者）の食生活を自らの意思で体験したこともあり、食べ物や身の回りのものも意識して選んでいこうと考えが変わりました。これはキャリアを考えるうえでも、新たな軸となっています。また、初めての長期の共同生活を通して、コミュニティーのなかで互いの考えや価値観の違いを受け入れ、尊重することの難しさと、同時に家族のような強い絆を体感しました」

他者とのつながりのなかで生きていくことの重要性

年末にデンマークから帰国し、２０２３年４月に復学した。その後のキャリアについてはどう考えているのだろうか。

「いつかは大学院で研究したいと思っています。参加した学会で各国の研究者と話してエコビレッジの研究が盛んな海外の大学院を知り、そちらも視野に入れています。ただ、卒業してすぐに進学するのではなく、いったん就職してから考えるつもりです。長期的には、コミュニティーで暮らすという選択肢を広めることで社会課題を解決していきたいです。それがどういう方法によるのか、研究なのか、ビジネスなのか、起業なのかはわかりませんが、自分のライフワークとして取り組んでいきたいです」

エコビレッジをはじめ、コミュニティーでの暮らしが持つ社会的機能についてはこう考えている。

「子育てや介護などを助け合い、時には寝食を共にして、他者とつながりながら暮らすことを求める人は徐々に増えてきています。こうしたコミュニティーでの暮らしは、現在の日本が抱える様々な課題を解消し得る有力な手段であると感じています。集まって住み、生活をシェアすることは環境負荷の低減にもつながります。

ロシアとの戦争が始まった後、ウクライナや近隣国のエコビレッジは、爆撃を受けた都市から逃れてきた多くの人たちの避難場所になりました。ふだんから自給自足の生活をしているエコビレッジでは、今回のような危機が起こっても衣食住を確保できて、生命をつなぐことができます。この先何が起こるかわからないなかで、暮らしを自分の手でつくれることや、他者とのつながりのなかで生きていくことの重要性は高まっていると感じます」

沖縄の大学院大学で研究、「興味を見定める時間が欲しかった」

川本知輝さんの場合

「人と違うことをしてもいいかも」

最後にもう一人、地方の小さな町で育ち、高校では４年ぶりの東大合格者だったという学生のケースを紹介しよう。

工学部物理工学科４年の川本知輝《かわもとともき》さん（23）は、２０２１年４月から１年間休学し、６月から沖縄科学技術大学院大学（ＯＩＳＴ）の研究インターンとして物理学を学んだ。

三重県立松阪高校から理科二類に現役で進学し、３年から工学部物理工学科に進んだ。４

年の４月になると学生は研究室に配属されるが、３年までの授業と各研究室の研究内容にはギャップがあり、研究室選びで悩む学生も多い。さらに大学院に進学する場合は７月頃に出願しなければならず、長期的な進路の方向性を短期間で決める必要がある。

そのような状況に直面するなかで川本さんは、自分の興味を見定めるための時間が欲しいと考えるようになった。休学という選択肢は以前から頭の片隅にあった。１年から入っていた、東大の学生と卒業生が交流する学生団体「東大ドリームネット」に休学者が多く、休学して様々な体験をしている姿を見て、「そういう道もあるんだ」と思っていた。東大には浪人して入る学生も少なくなく、１年休学することに抵抗はなくなっていた。

川本知輝さん

「３年になって物理が面白くなり、将来は研究者かエンジニアになりたいと思うようになりました。ただ、東大には天才型の人がおり、他の学生と学力面で差をつけるのは大変です。それなら人と違うことをしてもいいかもと思い、いろんなところを調べました」

研究のために東大を離れる

海外で研究できるところに行くことも考えたが、新型コロナウイルスの影響で渡航は難しく、絞り込んだのがＯＩＳＴだった。ＯＩＳＴは、政府が主導して２０１１年に沖縄県恩納《おんな》村《そん》に設立した大学院大学である。科学分野での５年一貫の博士課程を置き、その研究力の高さで知られる。学生の８割は外国人で、教育と研究はすべて英語で行われる。

川本さんは研究インターンとして、ＯＩＳＴでは量子物質科学ユニットに所属し、博士課程学生とともに研究に携わった。

「教員の層の厚さは東大が上回っているかもしれませんが、研究設備は東大に劣らない環境だったと思います」

キャンパス内にある寮に住み、家賃や光熱費は無料。インターン生として実習手当てが支給され、食費はほぼそれで賄《まかな》えた。

「休学前は授業と課題に追われる生活でしたが、ＯＩＳＴでは自分で研究して、実験結果を見て試行錯誤することができ、空いた時間に自分の興味のある勉強をすることもできました。それに学生はほぼ外国人なので、英語の力がつきました。研究に打ち込んだことで、物理への自分の興味が定まりました。寮では、いろんな大学から来ているインターン生と将来の話などをすることができ、視野が広がりました」

東大で「地方出身者」であること

川本さんは三重県中部の山間部にある人口１万人ほどの町で生まれ育った。小学校は１クラス約20人、中学校はその小学校から上がってくるだけで、川本さんが卒業した年に統廃合された。松阪高校には列車などで約１時間かけて通い、東大にはただ１人合格した。同校から東大合格者が出たのは４年ぶりだった。理二を受験したのは、物理のほかに生物にも興味があり、薬学部や医学部の選択肢も残しておきたかったからだ。

東大合格者には首都圏の中高一貫校の出身者が多く、地域別では関東圏が約６割を占める。入学してみると、首都圏出身者のなかには高校時代に数学オリンピックや物理オリンピックに出たとか、高校時代から専門的に勉強していたという人がいて、「この人たちには勝てないかも」と引け目を感じていた。

「田舎から東京に出て来て、都会の進学校出身者を間近に見ると、自分に自信を持てませんでした。でも１年休学して他の人とは違う経験で頑張ったので、これからは余計な劣等感を持つことなく、自信を持って研究活動に取り組むことができそうです」

2023年4月からは大学院工学系研究科物理工学専攻に進み、量子計測の研究室に所属することになった。将来はどう考えているのだろうか。

「博士課程まで進みたいと思います。海外の大学に留学することも視野に入れています。将来の方向性は変わっておらず、大学院で研究したことを生かして、大学の研究者か、民間企業のエンジニアや研究開発者になりたいです。大学院ではこれまでと研究分野が大きく変わりますが、早くキャッチアップして研究に貢献できるように頑張りたいです」

「秋入学構想」のギャップタームと通底

東大生が休学を選択する事情が見えてきただろうか。休学した学生たちが口々に言うのは、大学に休学届けを出した際、休学する理由として「病気」「経済的理由」「留学」の3つしか選択肢がなく、理由を書くのに困ったということだ。休学者が急増している現状に、東大側が対応できていないとも言える。

東大は2000年代前半に「秋入学構想」を当時の濱《はま》田《だ》純一《じゅんいち》総長ら執行部が提案し、学内だけでなく社会的にも大きな話題になった。秋入学にすることで海外への留学や、海外からの留学生が増えるという理由と並んで挙げられたのが、高校を卒業して入学するまで半年間の「ギャップターム」を有効に使えば、入学前にボランティアや国際交流など様々なことを体験できるということだった。英国などの「ギャップイヤー」を念頭に置いたものだ。濱田・元総長は、２０２０年に新型コロナの感染拡大で翌年の入学時期を遅らすべきという「9月入学論」が出てきた際、私の取材に「秋入学構想は、よく言われる国際化を超えて、タフな学生を育てることを最終的な目的として意識したものでした」と語っている。

そういう意味では、近年の休学者の急増は、「タフな学生」を育てる大学の制度としてではなく、学生たちが自主的に休学という手段を使って、様々な活動をするようになった現れとも言えそうだ。

第2章

起業する東大生

注目を集める東大の入学式

２０２２年４月12日、東大の入学式が東京都千代田区の日本武道館で開かれ、目標の東大合格を果たした新入生約２８００人が晴れやかな表情で集まってきた。新型コロナウイルスの感染拡大前は、喜びに沸く家族と一緒に武道館の前で記念写真を撮る姿がよく見られたが、コロナ対策のために規模は縮小され、２０２１年に続いて新入生のみが参加した。

２０２１年４月に就任した藤井輝夫総長は、同年の入学式が最初の晴れ舞台になるはずだったが、式の数日前に新型コロナの陽性が判明し欠席したため、これが４月の学部入学式で式辞を述べる初めての場となった。

東大の入学式は、２０１９年に来賓の上野《うえの》千鶴子《ちづこ》名誉教授が祝辞のなかで、東京医科大など医学部入試での女子差別や、東大の学生や教員の女性比率が低いことを挙げて、「社会にはあからさまな性差別が横行しています。東京大学も残念ながら、その例の一つ」と述べたことが話題になって以来、来賓の祝辞が注目されるようになった。２０２２年の入学式もメディアが注目したのは、来賓の映画監督、河瀬《かわせ》直美《なおみ》氏がロシアによるウクライナ侵攻について触れ、「ロシアという国を悪者にすることは簡単である」などと述べたことだった。

式辞を「起業の重要性」に充てた藤井輝夫総長

メディアではほとんど報じられなかったが、学内で話題になったのは、藤井総長の式辞の内容だった。藤井氏は式辞の大半を「起業の重要性」に割き、「なぜ私たちはいま、起業にスポットライトを当てているのでしょうか」と問いかけて次のように述べた。

「大学という場においてみなさんの多様な能力と可能性を尊重し、育んでいくことの大切さは、本学が取り組んでいる起業家教育の理念とも深くつながっています。本学が目指すべき方向について定めたUTokyo Compassのなかでも、東大関連ベンチャーの支援に向けた取り組みを積極的に進め、２０３０年までにその数を７００社にするという目標を掲げています」

式辞を述べる藤井輝夫総長

「起業への注目は、本学が社会における大学の意義を問い、課題に粘り強く取り組む力、新たな解決への可能性を発想する力、そして他者と協力してそれを実現する力を育もうとしていることと深く関係しています。社会において求められる人材の多様化に合わせて、卒業後の進路も急速に多様化し、新たな事業を生み出す人の割合も増えています。東京大学は、社会が直面している課題の解決に貢献する新たな業《ぎょう》を起こすことを支援しています」

「ITベンチャーをはじめとした起業が盛んな国々と比べますと、日本ではスタートアップ企業の少なさが際立ち、その背景事情の一つに『日本社会は、挫折や再起に対して冷淡である』というナラティブがあるとされます。しかし、起業のような新たな取り組みにおいては挫折や失敗はつきものであり、そもそもそのような挫折の経験を物語として語ること自体にも大切な意味があります。（中略）みなさんも、少しでも関心があればぜひ勇気を出して、本学での起業をめぐるポジティブな語りと対話の輪のなかに、一歩足を踏み出してみてください。そこにはきっと、教室での学びとはまた違った新しい世界が広がっているはずです」

「起業や実業は、単なる自己利益の追求にとどまるものではなく、経済活動を通じて他者へのケアを実践し、公共性や社会における連帯を担うものとならなければなりません。大学で学ぶことと、社会が必要としていることとの双方向性を理解し、その重みと責任を担える学生、職業人、そしてグローバルシチズン《地球市民》としてみなさんが活躍してくれることを心より期待します」

変革にも積極的な一番手として

20年近く東大の起業家教育やスタートアップ支援を担ってきた各務茂夫・東京大学大学院工学系研究科教授（産学協創推進本部副本部長）は、「東大の入学式で、総長が起業を前面に出して語ったのは初めてでしょう」と、画期的な式辞であったことを感慨深げに語る。

藤井総長は、東大の生産技術研究所に長く所属し、社会連携本部長を務めるなど、大学と社会との接点づくりに力を入れてきた。その姿勢は、総長になってからも変わらない。

総長就任後の２０２１年９月に発表した大学の新しい基本方針「UTokyo Compass」では、ＧＸ（グリーントランスフォーメーション）やＤＸ（デジタルトランスフォーメーション）、ダイバーシティ＆インクルージョンなどと並んで社会との協創を掲げ、「スタートアップ支援を強化するために、今後10年間で６００億円規模の新ファンドの設立を目指す」「本郷キャンパス周辺に構築されつつあるスタートアップ・エコシステムをグローバル拠点『本郷インテリジェンスヒル（仮称）』として発展させる」、さらに入学式でも触れた「東京大学関連スタートアップを２０３０年までに累積で７００社創出する」ことなどを打ち出した。

ＡＩ研究の第一人者で、研究室から多くのスタートアップが生まれている松尾豊・東京大学大学院工学系研究科教授は、「今の東大はどんどん大学を変えていこうとしています。何事も一番手は変えることに保守的で、二番手が変革に積極的なことが多いですが、東大は自ら変わろうとしていて、その勢いがついていています。中にいてもこれはすごくなるぞという感じが楽しい。起業に力を入れている他大学も驚いているのではないでしょうか。アントレプレナーシップ（起業家精神）教育の講座には、藤井総長や工学部長が出てきますから」と話す。

東大関連スタートアップは５００社近くに

意外に知られていないが、大学発スタートアップの設立数で、２位の京都大、３位グループの大阪大、筑波大、慶應義塾大を大きく引き離して、トップを走っているのが東大である。卒業生の起業を含めた東大関連スタートアップは、毎年30～40社が設立されており、これまでの累計は約４８０社にのぼる（表６参照）。ＩＰＯ（新規公開株式）25社、Ｍ＆Ａされた企業54社で、推定時価総額は約２兆円にのぼると産学協創推進本部は見ている。

東大の本郷キャンパス周辺には、東大関連スタートアップが集まっており、米国西海岸のスタートアップの拠点であるシリコンバレーになぞらえて「本郷バレー」と呼ばれる。この東大発スタートアップを２０３０年までに７００社創出し、「本郷バレー」から「本郷イン

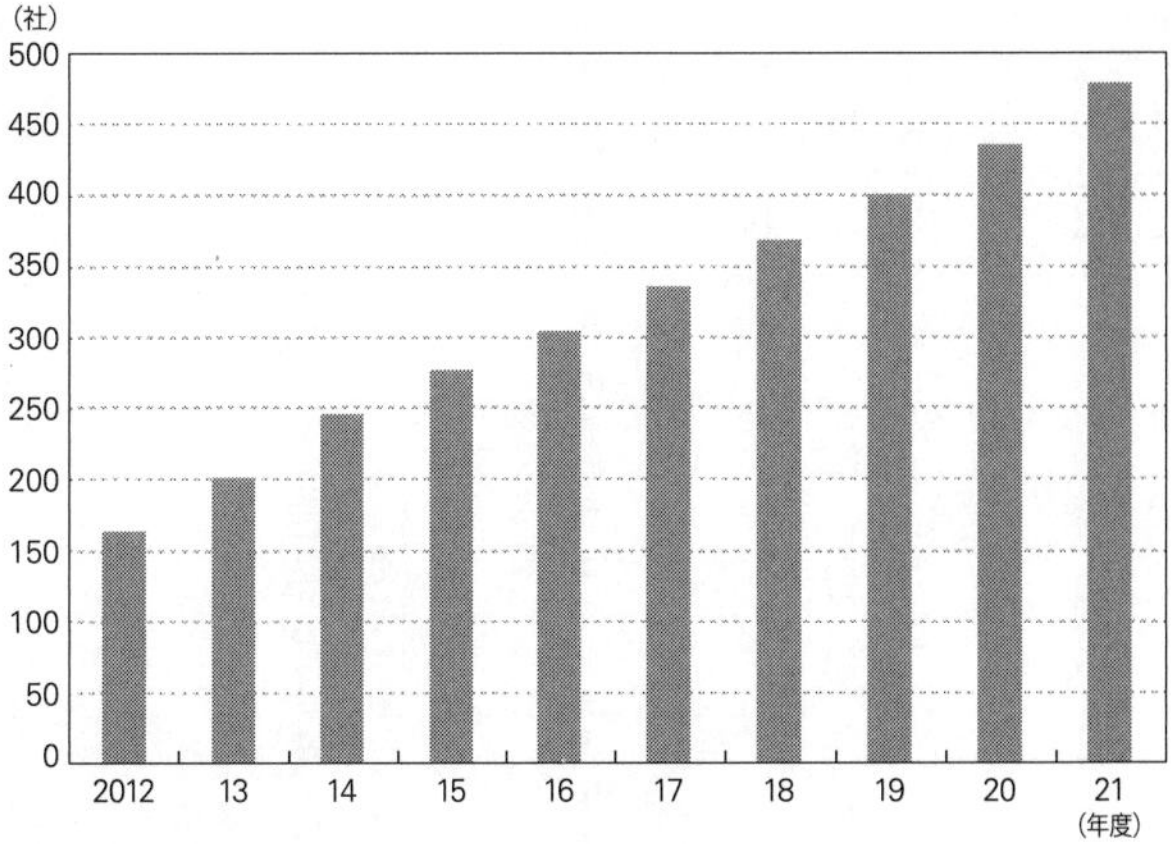

表６　東大関連スタートアップ起業の累計数（各年度末現在）

出所）東京大学産学協創推進本部

テリジェンスヒル（仮称）」として発展させようというのが、藤井執行部の構想だ。Valley（谷）からHill（丘）へ。なかなか粋な改称である。確かに本郷キャンパスは渓谷地ではなく、本郷台と呼ばれる平坦な台地にある。

序章でも触れたが、スタートアップに対する東大生の目線の変化は、この10年くらいの東大の変容を象徴する一つである。東大関連スタートアップとはどんなものなのか、それは藤井総長が言うような、日本社会にインパクトを与え得るものなのか。創業者たちはなぜ、多くの東大生とは違う、起業という道を選んだのか。近年設立された特徴的なスタートアップを通して、創業者たちが取り組む社会課題と事業への思いを見ていきたい。

人間を超える言語ＡＩを日本語に特化

ＥＬＹＺＡ・曽根岡侑也さんの場合

東大「松尾研」発のプロフェッショナル集団

東大で最も多くのスタートアップを生み出していると言われているのが、松尾豊教授の研究室、通称「松尾研」だ。最近は、「起業家を育てる松尾研の秘密」をテーマにしたＡＩ人材育成のイベントが開かれるほどになっている。

日本語ＡＩを研究開発する「ＥＬＹＺＡ（イライザ）」もその一つ。会社は本郷キャンパスから歩いて10分ほどのビルにある。

２０２２年の暮れ以降、質問を入力すると、人間と話すようにＡＩが質問に答えてくれるオープンＡＩ（米国）の「チャットＧＰＴ」が世界中で大きな話題になっている。チャット

ＧＰＴでも使われている大規模言語モデルに、国内で早くから取り組んできたのがＥＬＹＺＡである。

曽根《そね》岡《おか》侑也《ゆうや》・代表取締役ＣＥＯ（32）は、東京大学大学院工学系研究科修士課程を修了し、２０１８年９月に同社を設立した。「東大松尾研究室発、大規模言語ＡＩのプロフェッショナル集団」がＥＬＹＺＡのキャッチフレーズである。社名は、ＭＩＴ（マサチューセッツ工科大学）が１９６６年に開発した世界初のチャットボット（自動会話プログラム）ＥＬＩＺＡに由来する。

曽根岡侑也さん

　言語やテキストを人間のように処理するＡＩは、米国のグーグル、マイクロソフトをはじめ世界で開発競争が起きているが、日本語ＡＩに取り組んでいる会社は、国内ではＥＬＹＺＡ、ＬＩＮＥなど数少なかった。開発競争の最前線にいる曽根岡さんは、こう話す。

「ディープラーニング（深層学習）が注目されるようになったのは２０１２年で、２０１５年には画像認識で人間を超える精度を達成しました。言語ＡＩは4年前まで人間に遠く及ばなかったのですが、グーグルが開発した『ＢＥＲＴ』の登場でパラダイムシフトが起き、２０１９年には英語のテキスト認識で人間の精度を超えました。取り残されていたのが日本語です。ＥＬＹＺＡは日本語に特化した大規模言語モデルで、『まとめる』『書く』『読む』『話す』を高精度に実現し、ホワイトカラー業務のＤＸに挑戦して、価値を生み出そうとしています」

劇的な業務効率化のために

２０２０年秋に初めて取材したときは、「未踏の領域で当たり前をつくる、というのが私たちの理念です。ＡＩによって仕事や生活が変わるような社会実装を実現し、まだ見ぬ世界の当たり前をつくろうとしています」と意気込みを語っていた。

それから2年余りの間に、日本語ＡＩのサービスを次々に開発・リリースし、事業を拡大してきた。日本語に特化した大規模言語モデル「ELYZA Brain」を開発したのが、２０２０年9月。数千のデータがあれば、人間を超える精度で言語やテキストを処理できる日本語ＡＩエンジンである。このＡＩを使って独自のサービスを生み出し、２０２１年8月に文章要約ＡＩ「ELYZA DIGEST」を一般公開し、２０２２年3月にはキーワードから約6秒で文章を生成する文章執筆ＡＩ「ELYZA Pencil」を公開した。同年6月には法人向けのクラウドサービスの提供を始めた。

「実際に体感してみると、わかりやすいでしょう」。チャットＧＰＴが発表される5か月ほど前の２０２２年6月、同社を再び訪ねた私に曽根岡さんはそう言うと、当日の朝に朝日新聞「EduA」のウェブサイトに掲載された私の記事の１ページ目を要約ＡＩ「ELYZA DIGEST」に貼り付け、「要約スタート」をクリックした。すると瞬時に１００字程度に要約した文章が現れた。

「要約ＡＩはこれまでもありましたが、重要そうな文章をつぎはぎするものでした。『ELYZA DIGEST』は全部の文章を読んで、1単語1単語つむいでいます。コールセンターのやり取りを音声認識ＡＩで文章にすると、『えー』『んー』『あの』などの言葉が入ったり、音声認識ＡＩのミスで意味不明瞭な言葉になっていたりしますが、そういう文章でも内容を要約できます。さらに、内容から推測して文章には出てこない言葉を使って要約することができます」

文章執筆ＡＩ「ELYZA Pencil」を使うと、キーワードをいくつか入れるだけで、ＡＩが内容を推測し、メールを6秒程度で作成する。試しに、私が実際によく使うメールでの取材依頼を想定して、キーワード欄に「曽根岡様」「取材のお願い」「６月中」「朝日新聞　中村」と入れ、「ＡＩ執筆スタート」をクリックしてみた。約６秒で以下の文章が現れた。

曽根岡様　突然のメール失礼いたします。私は、朝日新聞中村と申します。この度、曽根岡様に取材のお願いをしたく、ご連絡致しました。現在、弊社ではＥＬＹＺＡの取り組みについて、取材を進めています。つきましては、曽根岡様にＥＬＹＺＡについてお伺いしたく存じます。お忙しいところ大変恐縮ですが、６月中にお時間をいただけませんでしょうか。突然のお願いとなり大変恐縮ですが、ご検討よろしくお願いいたします。

エンジンとなる「ELYZA Brain」は、日本語版ウィキペディアの全データ量（約３ＧＢ）の30倍以上の日本語をひたすら読んでおり、文章の一部を読ませて、文章全体の内容を推測させることを繰り返しているという。

企業からの関心は高く、ＳＯＭＰＯホールディングス、森・濱田松本法律事務所、マイナビなどと共同研究も進めている。例えば、コールセンターのオペレーターは約５分で問い合わせに応対し、終わると3、4分かけて内容をシステムに入力する。要約するＡＩが人間の代わりに要約メモを書いてくれれば、業務は効率化できる。文章執筆ＡＩ「ELYZA Pencil」は、契約書などの法務分野を得意とするほか、求人情報などの原稿を書くのにも有効だ。

１社目の起業は「ひどい失敗」

曽根岡さんは、麻布中学・高校から現役で理科一類に入り、工学部システム創成学科から大学院工学系研究科に進んだ。大学４年のとき、東大で開かれた日本ビジネスモデル学会を手伝った縁で、最年少で東証１部に上場したリブセンスの村上《むらかみ》太一《たいち》社長（早稲田大出身）と１対１でじっくり話したことが、起業を考えるきっかけになった。

「ビジネスができる人はこういう人だと思いました。自分の能力やスキルを伸ばすには起業するのがいいと思い、学部を卒業する頃から起業してみようかと考えるようになりました」

大学院で松尾研究室に入ると、２学年上の先輩がグノシー（ニュースアプリ、東証プライム上場）を創業し、助教の上野山《うえのやま》勝也《かつや》さんがパークシャテクノロジー（ＡＩ、東証スタンダード上場）を起業していた。松尾教授もスタートアップを勧めており、起業するにはいい環境だった。

曽根岡さんは修士2年に上がるときに2年間休学し、スマホアプリ制作サービスを提供する会社を設立した。しかし、「1社目はひどい失敗をして、会社をたたむことになりました」。大学院に戻って修士課程を修了すると、スタッフとして松尾研究室に残った。そして研究室のプロジェクトに参加していた修士2年（当時）の垣内《かきうち》弘太《こうた》・取締役ＣＴＯ（最高技術責任者）と２０１８年に共同創業したのがＥＬＹＺＡだった。

同社の事業には現在、約60人が関わっており、大半が東大出身者。またメルカリなどから転職してきた社員もおり、開発責任者はメルカリのトップエンジニアだった。２０２２年４月には、元ZOZO NEXT取締役で、ＡＩ人材の育成で著名な野口《のぐち》竜司《りゅうじ》氏を取締役ＣＭＯ（最高マーケティング責任者）に迎えた。

レールを踏み外せる環境

松尾研究室からスタートアップが次々に誕生している理由を尋ねると、次のように答えた。

「一つは、研究室がスタートアップの仕組みづくりをしていること。若くて時間のある学生にビジネスでは何が重要かを教えたり、企業の人と話す機会を設けたり、具体的な起業のメンターをしたりしています。もう一つは、起業で重要なことですが、起業が身近に感じられ、レールを踏み外す選択肢が取れる環境があること。同期やすぐ上の先輩が起業したり、上場したり、後輩がつくった会社が伸びたりすると、自分もできるんじゃないかと思います。レールから外れる選択肢は特に重要です。東大生は失敗したことがない人が多く、外資系の金融やコンサルティング会社を目指す人が多いなかで、起業はレールから外れなければいけません。これには心理的な抵抗があります。松尾研にはディープラーニングの技術を学べる環境があるので、失敗しても死ぬことはないだろうという、心のセーフティーネットがあります」

　現在も松尾研究室に引き続き所属して学生の起業支援に関わっており、大学院生らと触れる機会も多い。起業に関して、東大生の意識の変化を感じるだろうか。

「私が1社目を起業した２０１４年当時、起業するのは1学年に1人くらいでした。それが修士課程を終えてＥＬＹＺＡを設立する２０１７、２０１８年には、1学年に4、5人になりました。２０２０年に学生が集まる懇親会に行ったときに、出会った学生の半数が起業しており、明らかな変化を実感しました。今の学生は、起業がキャリアのオプションに入っており、普通のことになってきました。松尾研究室からも、以前は年に1社でも起こせればいいなと思われていたのが、２０２１年には4、5社が生まれました」

意識が変わってきた背景を尋ねると、やはり「身近なところに起業の成功例があることが大きいと思う」と言う。

「自分もできそうとか、起業しているあいつより自分の方が優秀だからできるはずだと思ったりするようです。私の大学院の同級生も、30歳くらいになって会社を辞めて起業したり、スタートアップに入社したりしています」

世界の潮流の最前線に立つ

文章執筆ＡＩ「ELYZA Pencil」を開発したのは、同社でインターンを長くしている、松尾研究室の修士課程2年の大学院生だそうだ。

「在学中に社会に何かを提供し、価値を生み出すこともできます。こうした動きが加速するかもしれません。彼みたいな才能のある人が、大企業に入って下積みのような仕事をするよりも、最速で価値を生み出し、成長する機会を得る方がいいと私は思います」

チャットＧＰＴの台頭について、松尾教授は新聞各紙で「検索の必要性がなくなる可能性があり、歴史的な転換点。グーグルすらも危機というときだからこそ、日本も参戦した方がいい」とコメントしている。オープンＡＩは２０２３年3月には、さらに進化したＧＰＴ-

４を発表し、日本語対応の精度も上がった。一方で、教育現場への悪影響や個人データの取り扱いなどの観点から、欧米を中心に利用を制限する動きも出ており、世界中で議論を呼んでいる。

ＥＬＹＺＡは、国内でこうした大規模言語モデル研究・開発の最前線に立つことになる。２０２３年3月16日には、国内で初めて、オープンＡＩのＧＰＴ系統モデルとＥＬＹＺＡのモデルを組み合わせて、ＪＲ西日本グループ会社の顧客対応業務の半自動化に成功したと発表した。曽根岡さんに最近の急展開について尋ねると、次のように意気込みを述べた。

「大規模言語モデルのインパクトは非常に大きく、特にホワイトカラーの業務を変革するポテンシャルがあると思います。チャットＧＰＴがリリースされて以後、『知る人ぞ知る』状態だった大規模言語モデルというイノベーションに対する認知が急速に広がりました。中でもオープンＡＩやグーグルのモデルはとてもサイズが大きく汎用性があり、両プレイヤーが普及に向けてサービス提供を進めていることもあり、２０２３年以後は我々の生活が大きく変わっていくでしょう。ＥＬＹＺＡは２０１９年から、日本語に特化した大規模言語モデルの研究開発と、主に大企業と協力しての社会実装を進めてきました。独自に開発した日本語モデルや他モデルも活用し、ホワイトカラー業務のＤＸに貢献していきます」

東大「アントレプレナー道場」の第三世代

　東大が起業家教育やスタートアップ支援に力を入れるようになったのは、２００４年に国立大学が法人化され、大学自らが資金を獲得する必要に迫られたのがきっかけだ。産学連携本部ができ、２００５年にアントレプレナー道場をつくって起業家教育プログラムを始めた。２００７年には、東大関連のスタートアップが入居するインキュベーション（起業支援）施設として、７階建てのアントレプレナープラザ（30室）が本郷キャンパスに開設された。

　２００４年にできた産学連携本部の教授公募に応募して以来、東大の起業家支援に携わってきた各務茂夫・大学院工学系研究科教授は、「アントレプレナー道場の１期生には元ミクシィ社長の朝倉《あさくら》祐介《ゆうすけ》さんがおり、アントレプレナープラザには、ユーグレナ（バイオ）、ペプチドリーム（創薬）、プリファード・ネットワークス（ＡＩ）、パークシャテクノロジー（ＡＩ）が入居し、ここから巣立っていきました。atama plus（オンライン教育）の稲《いな》田《だ》大《だい》輔《すけ》・代表取締役もアントレプレナー道場の１期生です」と話す。

　いずれも現在、東証プライムや東証スタンダードに上場、または上場間近と言われる錚々《そうそう》たる企業である。東大が起業家支援を始めて以降の創業者を年代別に見ると、２００５年にミドリムシを食品やバイオ燃料に活用するユーグレナ（東証プライム上場）を設立した出雲《いずも》充《みつる》氏（43）は、東大関連スタートアップの第一世代の代表的な存在で、現在も東大の起業家教育プログラムに講師として積極的に関わっている。

ＥＬＹＺＡの曽根岡さんの話にも出てくるパークシャテクノロジー（ＡＩ、東証スタンダード上場）を２０１２年に創業した上野山勝也氏（40）や、グノシー（ニュースアプリ、東証プライム上場）を２０１２年に創業した福島良典《ふくしまよしのり》氏（35）らは、第二世代と言える。そして曽根岡さんのような30歳前後の世代は、第三世代と呼んでよさそうだ。

序章で紹介した、製造業のバリューチェーンの変革を目指す「キャディ」の加藤勇志郎・代表取締役ＣＥＯ（32）は、東大の起業支援を受けてはいないが、この世代の一人だ。そしてこの世代は、様々な分野にＡＩを活用した事業が目立つ。

大学3年で起業、挫折を経て東証グロース上場

アイデミー・石川聡彦さんの場合

試行錯誤、絶望、それから

ＤＸの急進展を背景に、事業が拡大しているのがアイデミーだ。石川聡彦《いしかわあきひこ》・代表取締役ＣＥＯ（30）が東大工学部3年だった２０１４年に設立した。石川さんの名前と名字の頭文字「ＡＩ」に「アカデミー」をくっつけたのが社名の由来だ。主に大手企業向けに、ＡＩを中心としたＤＸ人材の育成や、組織づくりの支援をしている。これまでに同社のサービスを活用している企業は、メーカー、商社、証券、損保など４３０社以上にのぼる。２０２３年5月19日には、東証グロース市場への上場が承認された。

日本の企業は、ＩＴシステムを外注に頼るところが少なくない。それを変え、デジタル人材を社内で育成してＤＸの内製化を図ろうというのが、同社の事業である。そのために社員の教育研修用のｅラーニングを提供し、企業内で新規のビジネスが出てくるのをサポートすることもある。

石川聡彦さん

「21歳で起業して、２０２２年で9年目になります。最初の3年間は、今のウーバーイーツのような弁当のデリバリーサービスや、飲食店のポイントカードをまとめるアプリ開発など試行錯誤しましたが、うまくいかず、絶望感に見舞われた時期もありました。２０１７年に現在のものに近いサービスを展開し始めてから支持されるようになり、事業が軌道に乗りました。この5年間で大きく変化したと感じています」

２０１７年12月の社員数は5人だったが、２０２３年2月時点で約70人にまで増えた。アルバイトを含めると１００人を超える。２０１８年から2年間は本郷キャンパスにあるインキュベーション施設に入居していたが、事業の拡大で手狭になって、２０２０年に千代田区神田小川町に、そして２０２３年2月には大手町に移った。

本郷キャンパスには、東大関連のスタートアップが入居するインキュベーション施設として、２００７年開設のアントレプレナープラザ（30室）と、同施設が手狭になったために医学部附属病院南研究棟を改修して２０１８年に開設したアントレプレナーラボ（32室）の2棟の建物がある。東大との関係性や事業の成長ポテンシャル、大学からの支援の有用性などが審査され、入居が決まる。比較的安価な家賃で入居でき、大学側からは経営アドバイスのほか、投資、法務、会計など専門家の紹介を受けられる。文字通り、インキュベーション（孵化）施設で、事業が軌道に乗ると学外に会社を移転していく。

東大の手厚い起業支援

石川さんは横浜市出身。子どもの頃は児童プロダクションに入り、子役の歌舞伎役者を務めた。横浜市にあるサレジオ学院中学・高校に通い、1浪して文科三類に入った。

「中高時代にネットで商品を売って楽しかった経験があり、当時からビジネスに憧れていました。大学に入ったときの夢は2つあり、起業することと学校の先生になることでした」

入学してすぐにビジネスコンテストを運営するサークル「ＫＩＮＧ」に入った。10歳ほど上の先輩にユーグレナの出雲氏がおり、ビジネスコンテストで話す機会があった。刺激を受け、起業が身近になるきっかけになった。

2年のときに出場したビジネスコンテストで、ＳＮＳユーザーにその人が好みそうな商品を推奨するアプリを提案し、優勝した。学校の先生より起業の夢の方が大きくなり、3年からの進路振り分けでは、文三からの進級者が多い文学部ではなく、工学部に進んだ。

「学校の先生が影響を与え得るのはクラスの数十人ですが、ビジネスは自分でつくり出したユーザーで何万人、場合によっては何億人にも影響を与えることができます。起業するならばテクノロジーの分野の方が成功する確率が高いと思い、理系に変えました」

工学部に入って間もない6月に会社を設立した。会社の事業に集中するため、翌年度は1年間休学したが、前述のような挫折が続き、自信をなくした。ＡＩや機械学習、ディープラーニングに触れたのは復学してからで、卒業研究ではＡＩを応用した水処理の最適化に取り組んだ。大学院学際情報学府に進んだが、その年の12月にリリースしたサービスが好評で、大学院を1年休学した後、中退して事業に専念した。

「事業が伸びてきたことと、ベンチャーキャピタルのＵＴＥＣ（東京大学エッジキャピタル）から出資を受けたことで、腹を決めました。当時、文三の友達は商社やコンサル、損保などに、工学部の友達は専門分野に近いシンクタンクやインフラ企業などに就職する人が多かったです。親からは『せっかく東大に入ったのだから、大企業や官庁に行ってほしい』と反対されました」

ＵＴＥＣは、大学関連ベンチャーキャピタルの草分けで、２００４年に東大発スタートアップを支援するために設立された（現在は「東京大学エッジキャピタルパートナーズ」に改称）。東大には、２０１６年に東大が１００パーセント出資して設立した投資事業会社、東大ＩＰＣ（東京大学協創プラットフォーム開発）もある。資金面でも起業の支援体制ができているのだ。

石川さんは、在学中にアントレプレナー道場に参加し、起業した先輩たちと出会った。会社設立時の契約書作成や登記の方法は、産学協創推進本部のスタッフに教わった。会社がアントレプレナーラボから巣立ったことを含めて、東大の起業支援を様々な形で受けて、成長していった。

「本当の成果」で世界を変える

石川さんは、２０２１年に経済誌『フォーブス』が発表した「世界を変える30歳以下の30人」のアジア版に、エンタープライズ・テクノロジー部門で選ばれた。今後は何を目指すのだろうか。

「企業がＤＸを内製化するための支援を広げていきます。また教育研修サービスを提供するだけでなく、学んだ社員と一緒にものづくりをするサービスを伸ばしていきたいです。教えて終わりではなく、学んだ社員が新規事業をつくって初めて、本当の成果になると考えています」

２０２１年には、東大の１００パーセント子会社である東京大学エクステンションと経団連事業サービスとの共催で、企業の幹部社員がデジタル事業戦略策定のスキルを学ぶ5か月間の「Next Executive Program」を開講した。企業は今後、ＡＩや、あらゆるものをインターネットでつなぐＩｏＴが核になる事業戦略をつくっていくことが求められており、そのための支援をしていく予定だ。最近は大学での実践講座の講師を務めることなども増えてきた。

「試しにやってみる、という環境が必要です」

アイデミーのインターンシップには、東大生が頻繁に参加する。石川さんは東大のサークル「ＫＩＮＧ」のつながりで東大生と接することも多い。東大生の意識は変わっているのだろうか。

「すごく変わったと思います。いい意味で、起業とかスタートアップへのハードルが下がっています。ＡＩ領域を中心に起業した先輩の成功事例がたくさん出ているので、スタートアップが選択肢の一つになっていると感じます」

日本経済が長く停滞している大きな原因は、新しい産業を生み出せなかったためだが、その一因は教育にもあると指摘されている。これからの教育に求められることは何だろうか。

「起業教育やＡＩ教育を受けた全員が起業家にならなくていい。起業を面白いと思う人が増えればいいのです。これまでは起業に触れる場が少なく、縁遠かったのだと思います。起業は周りが思っているほど、ハードルの高いことではありません。試しにやってみる、という環境が必要です。学ぶ場を提供すると、意外な人がＡＩ人材になったりします。学ぶ場を提供することが一番大事です」

30歳から先の世の中へのインパクトを考え、起業

ｅｓｔｉｅ・平井瑛さんの場合

東大卒業後に有名企業に入社し、そこで事業を起こす端緒を見つけたり、自分の進むべき道を考えたりして、有名企業を数年で辞めて起業するケースも少なくない。

商業用不動産のデータプラットフォームを提供するｅｓｔｉｅ（エスティ）の平《ひら》井《い》瑛《えい》・代表取締役ＣＥＯ（31）は、経済学部を卒業後、三菱地所に５年勤め、独立して２０１９年４月から事業を開始した。

三菱地所で感じた「米国とのギャップ」

「三菱地所では４年間、海外市場の不動産投資を担当しました。米国では商業用不動産テックのスタートアップ企業がたくさんありますが、日本にはほとんどない。日本ではオフィスビルは住宅と違い、網羅的なデータベースが存在しないことからＩＴ会社が入っていけず、しかも情報がデジタル化されていないために最新情報のアップデートまでに時間がかかるという課題がありました。米国と随分、ギャップがあると思っていました」

日本の不動産市場は世界最大級で、オフィスビルなど商業用不動産の市場規模は約10兆円と言われる。日本の商業用不動産の課題にデータとテクノロジーの力で取り組み、物件を持つオーナー、入居するテナント企業、仲介会社の３者の最適な意思決定をサポートするのが、同社の事業である。

不動産データ分析基盤「estie pro」は、不動産ディベロッパーや仲介会社などから提供された全国８万件以上の情報を扱い、千代田区や中央区、港区などの都心５区ではオフィスビルの90%以上の情報を網羅する、日本最大級の商業用不動産の情報データベースだ。物件情報や空き室情報、賃料、入居テナントなど、オフィスの賃貸や売買に必要な情報がそろっている。

インパクトは業界大手にまで

サービスをリニューアルした２０２０年７月以降、東急不動産、野村不動産などの大手不動産ディベロッパーや、Ｊ－ＲＥＩＴ（不動産投資信託）の運用会社、仲介会社などが導入する例が増え、月次の売上は月平均約15%増で伸びてきた。

また、賃貸オフィスマッチングサービス「estie」では、オフィスを探すテナント企業がエリア、面積、坪単価などの条件を入力すれば、ＡＩが希望に合う物件を探し出し、仲介会社から物件提案が届く。平井さんは次のように話す。

「事業の主軸は『estie pro』です。この不動産データを集める難度が高く、他社には容易ではないと思います。集めたデータをお客様の役に立つように、サービスの内容や質を充実させてきました。その結果、導入社数が増え、業界大手が活用してくれるようになったのが、この間の大きな変化です。『これからの不動産業界をこうしていきたい』という私たちの思いを、大手のお客様にも理解してもらえたのだと思います。大きな業界の既存の事業者に支持してもらえるのが一番大事なことです」

平井瑛さん（中央）

２０２２年１月、ベンチャーキャピタル（ＶＣ）３社から約10億円の資金を調達した。東大発スタートアップを支援するＵＴＥＣ（東京大学エッジキャピタルパートナーズ）も含まれ、それまでで最大規模の調達額になった。３社のうち新規に加わったＶＣの次のコメントがｅｓｔｉｅの特徴をよく表している。

「巨大な不動産業界の商流に入り込み、アナログで非効率・不透明であった不動産業務を独自のデータとアルゴリズムによって解決」「日本の不動産業界の進化に寄与する高い成長性を感じる」

平井さんは、２０１９年４月に事業を開始してからの４年を「私たちのビジョンに共感してもらえるお客様が増えました。今回の資金調達は大きなステップで、順調に成長できていると思います」と語る。

社員数は２０２３年１月時点で約60人に増えた。平井さんがかつて所属した三菱地所など大手不動産のほか、アクセンチュアやマッキンゼーなどのコンサルティング会社、ヤフーやメルカリなどのＩＴ業界から移ってきた社員が多い。ちなみに取締役の一人は、三菱地所の同期だ。

起業は一つの手段にすぎない

平井さんは、栄光学園中学・高校（神奈川県鎌倉市）から現役で文科二類に入り、経済学部に進んだ。大学時代は起業に興味はなかったが、物価研究で知られるゼミの渡辺《わたなべ》努《つとむ》教授

（２０１９〜２０２１年に経済学部長）が「大企業に行くのではなく、自分で事業をやってみなさい」と、よく言っていたのが印象に残っていた。起業するかどうか考えていたとき、渡辺教授に相談に行き、アドバイスを受けた。渡辺教授は、ｅｓｔｉｅ創業時から技術顧問を務めている。

起業しようと思ったのは、三菱地所に入社して4年目の終わり頃。当時26歳だった。仕事は面白かったし、待遇もよく、不満はなかった。だが、次のように考え、決断した。

「20代があと3年になって、自分はどういう仕事をしたいのかと考えました。30歳になったときに、自分がどれくらい世の中に貢献できているか、その先のインパクトを考えたとき、ゼロからビジネスを立ち上げてみようと思いました」

大手メーカーで経営に携わっている父親に相談すると、「自分たちの世代は社内で新規事業をしてきたが、それを外でやるだけのことだろう」と理解してくれた。

「オフィスの選択は会社にとって大きな決定ですが、正しい情報が的確なタイミングで手に入らなければ、理想のオフィスを選べず、企業の競争力を削ぐ要因になります。自分のつくった事業やチームが、世の中にどんな影響を与えているかが、自分の中でずっと持ち続けている視点です」

東大の同級生には、すでに起業した人が何人もいる。卒業時に人気があったのは、総合商社、外資系のコンサルティング会社や投資銀行だった。平井さんは自らの経験を踏まえて、「最初から起業を考えているというより、就職して働くなかで課題を見つけ、その解決手段の一つとして起業があるのではないでしょうか」と話す。

起業するのに大切な4つのこと

２０２０年秋に取材したとき、起業するのに大切なことは①何をするのか、②どうやるのか、③資金をどうするか、の３つあると語っていた。

「①はいろんなサービスを考えてはつぶし、最終的に不動産の領域にたどり着きました。②と③は大学の強力なサポートを受けました。東大が設立した投資事業会社、東大ＩＰＣの起業支援プログラムに採択され、半年間、つきっきりで相談に乗ってもらい、創業時にはベンチャーキャピタルファンドのＵＴＥＣから投資してもらいました」

２０２２年夏に２度目の取材をしたときは、31歳になる２日前だった。「30歳になったときに、自分がどれくらい世の中に貢献できているか、その先のインパクトを考えて起業した」と語った平井さんは、その30歳を過ぎて、どう感じているだろうか。

「当時考えたことに近づいていると思います。ただ、世の中に貢献できているかと言えば、まだまだ足りません。ようやくｅｓｔｉｅがつくったサービスをいろいろな方に活用してもらっている段階で、まだ第一歩を踏み出したところです」

会社を辞めて起業してよかったと思いますか？　と尋ねると、こう返ってきた。

「起業してよかったです。三菱地所にいても仕事は面白く幸せだったと思うので比較できませんが、起業して楽しく仕事ができています」

起業するのに大切なことは、今も変わっていないだろうか。また、今後はどこを目指すのだろうか。

「大事にしているのはポジティブであることです。うまくいくかどうかわからない状況でスタートして、日々、トライ・アンド・エラーを繰り返していますが、常にポジティブでいようと努めています。それが仲間をひきつけることにもつながると思っています。今後も引き続き商業用不動産のＤＸを進めていき、共感してもらったお客様やパートナー企業の皆様の期待を裏切らないよう、いいサービスを提供し、日本中に浸透させていきたいです」

ロボット技術で革新的な義足を開発
BionicM・関口哲平さんの場合

技術の力を人間のために

有名企業からスタートアップに転じた人を、もう一人紹介しよう。ロボット技術を活用した義足を開発しているBionicMの取締役ＣＯＯ（最高執行責任者）、関口哲平《せきぐちてっぺい》さん（36）は、大学院農学生命科学研究科修士課程を修了後、７年勤めたＰ＆Ｇを退社して、２０１９年４月にBionicMの経営に参画した。同社は、９歳のときに骨肉腫で右足を切断した孫小軍《そんしょうぐん》・代表取締役ＣＥＯ（35）が２０１８年12月に設立し、事業を開始した。会社は本郷キャンパスのアントレプレナープラザに入居している。

２０２１年末、ひざ部分のモーターを自動で制御し、ユーザーの歩行を補助する「パワード義足」を発表し、日本と中国で販売を始めた。

世界には義足を必要とする人が約１０００万人いるが、経済的な理由や機能の問題から利用者は４割程度と言われる。交通事故や労災事故で足を切断した人のほか、最近は糖尿病などの病気によって足を切断する人が増えており、日本ではユーザーの半数以上は病気が原因という。

しかし、これまでの義足は、人間の足と同じように能動的にひざを伸ばしたり、蹴り上げたりすることができなかった。階段は両足相互に昇降できない、つまずくとひざが折れて転倒する、などの課題があった。

関口哲平さん（左）と孫小軍 CEO（右）

同社の「パワード義足」は、内蔵するセンサーで人の姿勢や動作を認識し、歩きやすいようにひざ部分のモーターを自動制御する。義足が筋肉に代わる力を発揮でき、義足に体重をかければ、ひざを伸ばして体を持ち上げることができる。関口さんは「自転車と電動自転車の違いをイメージすれば、わかりやすいでしょう。パワード義足は世界的にもほとんどありません」と言う。

パワード義足のもう一つの特長は、デザイン性だ。試作段階だった２０２０年10月、世界的なデザイン賞

「Red Dot Design Award 2020」のデザインコンセプト部門で、約４２００点の応募のなかからグランプリに選ばれた。

「義足はこれまで他人に見せたくないものでしたが、機能だけでなく、デザイン性が評価されるようになってきました。２０２１年に開かれた東京パラリンピックも、そうした義足に対する認識を社会に広げる機会になり、問い合わせや取材を受けることが増えました」

社名のBionic（生体工学）に加えたMには、モビリティー（mobility）とヒューマン（human）の2つの意味を込め、技術と人間の融合を表している。現在、中国の深圳《しんせん》と北京に現地法人を置き、中国を中心に事業を展開している。

「新しい挑戦」を求めて迷わずに退社

関口さんは、盛岡第一高校（岩手）から開発学に興味を持って文科三類に入り、3年進級時に途上国における農業技術の研究をしたいと農学部に進んだ。大学院では農学生命科学研究科の農学国際専攻で学んだ。技術が人々の生活を変えることに興味があった。学部4年次には、外国人観光客向けの情報を扱うインバウンドビジネスを行う会社を、文三のときの同級生とつくったこともあった。修士課程修了後、ビジネスの基礎を学ぼうとＰ＆Ｇに入社した。国内を担当した後、２０１７年からシンガポールのアジア本社でＡＰＡＣ（アジア太平洋）地域のサプライチェーンの中長期計画を策定していた。

孫ＣＥＯとは２０１６年に、東京大学エッジキャピタルが投資先と学生・社会人を集めて開催したイベントで出会った。孫さんは9歳で右足を切断した後、経済的な理由で長い間義足を利用できず、交換留学で日本に来て初めて義足をつけた。東京大学大学院修士課程で燃料電池を研究した後、ソニーに入社。3年間、エンジニアとして製品開発に携わった後、博士課程に進学し、情報システム工学研究室でロボット工学を研究していた。

イベントをきっかけに孫さんからパワード義足の開発の話を聞いて、関口さんは強い興味を持った。

「Ｐ＆Ｇで扱っている洗剤などの製品は技術的にも市場としても成熟していたので、新しいことに挑戦したいと考えるようになりました。Ｐ＆Ｇで身に付いたスキルを生かせる場所がないだろうかと考えていました。事業にかける孫さんの思いに共感し、21世紀になっているのに自分の足で自由に動くという生活の根本ができていない人がいることに強い衝撃を受けました。こういうところに技術やスキルが生かされるべきだと思いました。会社を辞めることにあまり迷いはありませんでした」

幼い子どもがおり、大学の後輩で官僚でもある妻は心配はしたが、「やりたいことをするのがいい」と後押ししてくれた。

スタートアップだからこその実感

BionicMに移って４年。製品化に向けて最終段階だった２０２０～２０２１年は、新型コロナウイルスの影響で中国との自由な行き来ができず、部品の調達や投資家の投資意欲などにも影響が出た。これまでを振り返って、今どう感じているのだろうか。

「毎日が非常に充実しています。もちろん製品を生み出す苦しみや、経営者として社員の人生を預かっている大変さはありますが、一方で、自社の製品を一人ひとりのユーザーに直接届けている感覚が強いです。前の職場にいたら、大変さを含めて、この年齢で体験することはできなかったでしょう」

今後の目標について尋ねると、こう話した。

「義足はユーザーが限られ、信用や信頼が大事で、初期投資が大きいなど、ビジネスとしては難しい面があります。しかし、課題が明確で、それをものづくりの力で解決していくことに、やりがいを感じます。現在は義足に特化していますが、モビリティーという点では、筋力が衰えた高齢者や病気で足がまひした人など、足で苦労している人はとても多い。将来的にはすべての人の足の支えになる技術として使えるようにしたいです」

数ある選択肢を「考えないといけない」時代

関口さんは２０１９～２０２０年度の2年間、東大のアントレプレナー道場で、ビジネスプランをつくってプレゼンテーションを行う学生のメンターを務めた。東大生に接するなかで、学生たちの意識の変化を感じるだろうか。

「私が学生の頃とは環境が変わったことが2つあります。一つは、起業に関して得られる情報が増えたこと。以前は起業と言えばアントレプレナー道場しかありませんでしたが、今は東大の様々な起業支援プログラムがあり、またスタートアップの人たちがフェイスブックや投稿サイトのｎｏｔｅで情報を発信するようになって、学生がスタートアップの情報に触れる機会が増えました。もう一つは、先輩起業家がたくさん出てきて、自分もできるとイメージできるようになったこと。かつては東大を卒業したら官僚になる、大企業に入ると道が決まっていたので、学生は考えなくてもよかったのですが、今はスタートアップに就職したり起業したりすること、それに転職することも一般的になり、選択肢が増えて考えないといけなくなりました。自分の将来を考えるからこそ、そういう選択肢が出てきているとも言えます」

「生理ケアを社会的責任に」と起業

Omotete・髙堰うららさんの場合

「見逃されてきた視点を意識しよう」

この章の冒頭で紹介した東大の入学式で、藤井総長は起業の重要性を語るなかで、「さらには現状ではまだまだ少ない、本学発の女性の起業家を数多く生み出していくことにも、力を注いでいきます」と述べた。午前中の学部入学式に続いて、午後開かれた大学院の入学式では、英国のジャーナリスト、キャロライン・ペレスの『存在しない女たち（Invisible Women）』を紹介し、「見えやすいものに惑わされず、聞こえにくい声に耳を澄まし、自分の理想をあきらめず、他者の思いとふれあう対話の能力を身に付けていくことが、将来、社会の中核を担うみなさんには強く求められています」と語った。
これに感銘を受けたのが、大学院工学系研究科都市工学専攻博士課程に在籍する髙堰《たかせき》うららさん（24）である。髙堰さんは２０２１年10月、「生理ケアを社会的責任にしていきたい」と、Omotete（オモテテ）を設立した。会社の拠点は、本郷キャンパスのすぐ近くにある。

２０２２年４月に修士課程から博士課程に進み、入学式に参加した。「見逃されてきた視点を意識しようという、いい式辞だと思いました。東大がこれから大学として取り組んでいく意欲を感じ、研究活動を社会に生かしていこうと思いました」

髙堰うららさん

センシティブなテーマだからこそ

Omoteteは、誰もが生理のときでも安心して出かけられるように、生理用品の入ったボックス型装置を商業施設や会社のトイレに設置する事業を進めている。利用者はアプリで設置場所を調べ、画面上で操作して生理用品を取り出せるようにする。利用状況や生理用品の補充の必要性は、遠隔で管理する。

すでに百貨店や不動産会社などから引き合いが来ており、商業施設や駅などからも設置や協業についての問い合わせが増えている。「早く設置したい」と希望する声が多く、２０２３年度内に多数の施設に設置できる予定になっている。

サービス名は「unfre.（アンフリ）」。「不自由（unfree）にピリオドを打つ」という意味だ。

「女性に身の回りで困っていることなどを聞き取り調査して、これはニーズがあると思いました。生理のケアはこれまで自己責任とされてきましたが、企業の社会的な責任にしていきたい。この事業を第一弾にして、女性のヘルスケア全般のプラットフォームになるように事業を展開していきたいです」

大学院で研究しているのは、スマートシティー（ＩＣＴを活用して利便性・快適性を高めた都市）やモビリティー（移動）。この分野で起業するなら、利用者がアプリを入れるニーズを感じるサービスだ、と考えていた。

「東大で都市工学を専攻した卒業生には、官庁や不動産会社、コンサルティング会社に就職する人が多く、起業家はあまりいません。女性教員も少なく、そもそも女性のモビリティーをテーマにした研究が少ない。生理はセンシティブなテーマですし、研究の対象になってきませんでした。このテーマに関心を持つ研究者や起業家が、一人でも出てくることに意義があると思っています」

早くからビジネスコンテストに参加

父親の仕事の関係で、小中学校は米国で過ごした。中3で帰国し、帰国生が多い東京学芸大学附属国際中等教育学校に入った。日本語はあまり話せなかった。国連などの国際機関に興味があり、高校時代に仙台市で開かれた国連防災世界会議を見に行った。日本での町づくりや復興に対する海外の人たちの関心を知ると同時に、実際の町づくりの現場や専門家のなかに英語を話せる日本人が少ないように感じたため、日本で都市計画の仕事に携わるのが面白そうだと思った。

町づくりのためには法律を知る必要があると考え、慶應義塾大学法学部にＦＩＴ入試（ＡＯ入試）で入った。千葉県君津市の地方創生に関わり、その体験を生かして1年のときにビジネス学生団体ＫＢＣ（Keio Business Community）主催のビジネスコンテストに出場。卵かけご飯を展開するビジネスプランを発表し、優勝した。

ＫＢＣは湘南藤沢キャンパス（ＳＦＣ）にしかなかったので、日吉キャンパスにＫＢＣ日吉をつくった。秋に開かれる慶應連合三田会大会（同窓会）で、大手企業と協力してビジネスコンテストを開催した。

都市計画法の授業が理工学部にあったため、理工学部のある矢上キャンパスまで週2回、聴講しに行った。担当教員から「東大で都市計画法のいい授業が行われている」と聞き、「このまま不動産会社や官庁に入るのは違うのではないか。都市工学への思考を深めたい」と東大大学院に進学した。

変わる東大生の「当たり前」

高堰さんは、起業について体系的に学ぶ東大のアントレプレナー道場で講師を務めるなかで、東大生の意識の変化を感じると言う。

「今の東大生は面白いことをやろうという意識があります。官僚になることや大手企業に入るのは東大生だと当たり前なので、いずれに対してもすごさを感じなくなっている人が多い気がします。起業すると自分で意思決定することが増え、成長するスピードも増します。起業に魅力を感じるアクティブな学生はけっこう多いです。起業してうまくいかずに大学院に戻ったり、会社の事業と研究を同時に行ったりしている人もいます。起業の環境はフレキシブルな形に変わってきたと感じます」

「もっといいオンライン授業を」と文学部4年で起業

LearnWiz・中條麟太郎さんの場合

学生と教員タッグでの起業

最後に学部生で起業した例を紹介したい。２０２２年３月23日、文学部４年の中條《ちゅうじょう》麟《りん》太《た》郎《ろう》さん（22）は、オンライン教育のプラットフォームを提供する株式会社LearnWizを設立した。代表取締役ＣＥＯが中條さん、取締役に吉田《よしだ》塁《るい》・大学院工学系研究科准教授（35）が名を連ねた。

この日、東京大学総長賞の授与式がキャンパス内の小柴ホールであり、中條さんは「東大におけるオンライン教育支援の経験から生まれた教育プラットフォーム『LearnWiz One』の開発と、EdTech《エドテック》（教育×テクノロジー）分野で世界最大の国際コンテスト部門優勝」で総長大賞を受賞し、表彰された。記念のこの日を創業日に選び、吉田准教授と２人で朝、法務局に行って法人登記した。

２０２０年春に新型コロナウイルスの感染が広がったとき、東大はいち早くオンライン授業を始め、他大学にもオンライン授業のノウハウを提供して、大学関係者を驚かせた。情報発信したポータルサイト「utelecon」は、２０２２年６月までに約１８０万人の大学教員らが閲覧した。東大のオンライン授業を構築したキーマンの一人が、吉田准教授（当時は大学総合教育研究センター特任講師）である。

２人の出会いは、大学側がオンライン授業をサポートする学生を公募したのがきっかけだ。中條さんは当時、２年生になったばかり。情報や教育に関心があり、応募してコアメンバーになった。オンライン授業が始まって２年目の２０２１年夏になると、オンラインが定着し、新型コロナの感染も少し落ち着いてきた。その頃から吉田准教授と「もっといいオンライン授業をつくれるのではないか」と話し合うようになった。

オンライン授業ツールを世界へ

教育工学が専門の吉田准教授は、オンラインで大規模なアクティブラーニングを実現するにはどうすればいいかというテーマに関心を持っていた。ちょうど、大学教育のデジタライゼーションを目指す文部科学省のプロジェクト「Scheem-D《スキーム》」がアイデアを募集しており、「参加者一人ひとりの意見・感想を賢く集約・共有するオンラインツール LearnWiz One」を２人で提案し、採択された。２０２１年10月には、ベータ版（正式版を公開する前のサンプル版）をリリースした。

吉田塁准教授（左）と中條麟太郎さん（右）

大学でオンライン授業が始まったとき、リアルタイムの授業でZoomなどのチャット機能を使えば、学生が質問や意見を出すことができ、大教室での対面授業より双方向性があると言われた。しかし、チャットは時系列で表示され、早い順に画面から消えていくため、すべての意見を参加者全員が見ているわけではない。

「LearnWiz One」では、時系列ではなく、参加者のすべての意見をシステム側で制御し、適切に参加者に配分する。各参加者の画面には一定数の意見が表示され、すべての意見を誰かしらが目にする仕組みになっている。参加者は共感する意見に「いいね」を押し、「いいね」の多い意見が人気順に算出される。参加者は全体の関心が高い意見に対する自分の考えを投稿し、教員はそれらの意見を取り上げて説明やコメントを加え、フィードバックする。

吉田准教授は「これからはアクティブラーニングが重要になります。しかし、一方向の教え方をしてきた教員はどうしたらいいかわからず、サポートが重要です。オンラインで大規模にアクティブラーニングを実現できれば、授業改善につながり、学生にも学びの面白さに気づいてもらうことができます」と話す。

「LearnWiz One」の利用者は、大学や中学・高校の教員、学生、生徒などすでに6万人以上。宿題で課された小レポートを投稿して学生相互で読み合うなど、いろいろな使われ方をしている。さらに授業だけでなく、企業やイベントでの意見交換にまで活用の幅が広がっている。また、多言語対応を進めており、すでに英語でも使える。オンラインでの説明会に参加したタイの大学教員が興味を持ち、問い合わせがあった。

「『LearnWiz One』は教育に限らず、いろいろな場で他の人と意見交換ができます。言語や文化を超えて、世界中でより活発な意見交換を促すことができるツールにしていきたいです」と中條さんは言う。

入学後のプログラムで起業が身近に

中條さんは、筑波大附属駒場中学・高校から、1浪して文科二類に入った。関心があったのは工学とデザイン。入学時は起業するとは思ってもいなかった。

刺激になったのは、東大が用意している起業家教育やスタートアップ支援の様々なプログラムだ。1年の夏に2泊3日のアントレプレナーシップ・ブートキャンプに参加し、ユーグレナの出雲充社長や、ＡＩ研究の松尾豊・大学院工学系研究科教授らの話を聞いた。アントレプレナーシップ教育が盛んな米国バブソン大学の山川《やまかわ》恭弘《やすひろ》准教授が語った「Action trumps everything（行動はすべてに勝る）」という言葉が印象に残った。

東大生の技術プロジェクトを支援する本郷テックガレージの2か月間のプログラム「Summer Founders Program」にも参加した。入学して間もない頃のこうした体験を通じ、将来の選択肢として起業が身近になった。また本郷テックガレージでの活動を通じて、工学やデザインを考えるうえでは人間のことも知る必要があると考え、3年進級時に文学部の心理学専修に進んだ。

吉田准教授も異色の経歴を持つ。東大工学部でコンピューターサイエンスを学び、大学院新領域創成科学研究科に進んで生体医工学を研究した。博士課程2年のときに、大学教員を目指す大学院生向けの教育プログラム「フューチャーファカルティプログラム」を受け、その学びの深さに感動し、教育の分野にキャリアを変えることを決意した。博士課程修了と同時に、東大の大学総合教育研究センターの特任研究員になり、半年後に教養学部教養教育高度化機構アクティブラーニング部門の特任助教になった。「自分の強みである工学と教育を組み合わせたい」と考えていた。「LearnWiz」という言葉は当時考えた言葉で、２０１８年に商標登録していた。

「研究を社会に、社会を研究に」

中條さんは２０２３年４月から大学院に進学し、研究と会社の事業を並行して行うことにした。「文理を越境した情報学の研究が行われている大学院学際情報学府に進学し、『円滑なオンラインコミュニケーションを実現するための情報のデザイン』をテーマに研究します。会社の事業の取り組みとも重なるテーマなので、研究で得られた知見を社会実装に、また社会実装で得られた知見を研究に生かしたいと考えています」

今後のキャリアについては、「まだわからないというのが正直なところ」と言う。「２年間は修士課程に在籍することになりますが、会社の状況によっては休学を選ぶかもしれません。

研究の進捗次第では、博士課程に進学する可能性もあります。あるいは博士課程では別の大学院に進むかもしれません」

　東大生の意識は変わっているのだろうか。

「以前とはすごく変わっていると思います。官僚になりたいという人は、周囲にはあまりいません。休学して自分のやりたいことをする人が増えています。４年で卒業して大企業に入るのではなく、途中で様々なことを体験しようとしています。すでに起業した人もおり、入学前の東大のイメージとは違います」

　現在、アントレプレナーシップ教育にも携わる吉田准教授は、「私が学生の頃は、工学部でも起業する人はほとんどおらず、起業は遠いものでした」と前置きして、こう話す。

「今の学生はうらやましい。明らかに起業が将来の選択肢になっています。1年から正規授業としてアントレプレナーシップに関連する講座があり、本郷テックガレージや、東大が運営するスタートアップの支援プログラム『FoundX』など、課外の支援も手厚い。LearnWizの活動も、東大が１００パーセント出資する東大ＩＰＣから支援をいただいています。スタートアップを育てていくエコシステムができており、起業しやすい環境になっています」

もちろん東大生が皆、同じ意識を持っているわけではない。

「そういう情報に敏感な学生にはいい環境ですが、そうでない学生は情報を見つけられず、触れることができません。全員のマインドセットが変わっているかと言うと、そうではありません。ただ、スタートアップを支援する環境は整ってきています。学生起業は最強です。大学の様々な支援があるなかで起業でき、失敗したら学生に戻ることもできます。学生には大学の環境をフルに活用してほしいです」

グローバルスタンダードに近づく日本

米国のスタンフォード大学をはじめ、海外のトップ大学では起業する学生がたくさんいる。Ｚホールディングスのシニアストラテジストを務める安宅《あたか》和人《かずと》・慶應義塾大学教授は、２０２０年の私の取材に次のように語っている。

「米国のハーバード、イェール、スタンフォードなどトップ校の学部学生で、ＧＥやＩＢＭなど昔からの大企業に入ろうとする学生は非常に少ない。価値を創造する職場に行くか、自分で未来をつくる、価値をつくるのが自分たちだという、強い自負があるからです。実際、ＧＥの米国での新卒採用リストを見たことがありますが、トップ20の大学からの採用はごくわずかでした。一方、Ph.D.（博士号）やＭＢＡ取得者がのし上がっていきます」

東大の松尾豊教授は、２００５年から２００７年までスタンフォード大学の客員研究員を務めていた。２０２２年6月にオンラインで開かれた「起業家を育てる松尾研の秘密」のトークセッションでは、「シリコンバレーによく行きましたが、向こうでは起業が当たり前。スタートアップを生み出すエコシステムを日本でつくりたいと思っていました。能力があって、やる気がある人にとっては起業はいいことだと、研究室でも伝えてきました」と語った。

松尾教授のインタビューは第3章を読んでいただきたいが、「日本もようやくグローバルスタンダードに近づいてきたのではないでしょうか」というのが、松尾教授の感想だ。大学関連スタートアップが最も多い東大で、学生や卒業生たちが起業したり、いったん有名企業に入ってもスタートアップに転職したりするようなことが広がれば、日本経済の起爆剤になるだろう。

ＧＡＦＡに代わる企業を日本から

東京医科歯科大学と２０２４年に統合する東京工業大学の益一《ますかず》哉《や》学長は、「この30年の製造業の停滞の一因は東工大にあるのではないかと強い危機感を持っている」として、私の取材に次のように語った。

「気をつけないといけないのは、この30年で伸びた米国の産業と同じことをやっていけばいいかというと、違うということです。サイバー空間だけではなく、カーボンニュートラルとＤＸを絡めた新しい型の産業が出てくるでしょう。新しい産業は、ＧＡＦＡのようにプラットフォームをつくって一人勝ちする覇権主義的なベンチャーにはならないはずです。カーボンニュートラルは、一つの技術だけではできないからです。

恐らく10年後には、カーボンニュートラルに取り組む会社が世界で２００〜３００社出てくるでしょう。私は、そのうち３分の１くらいは日本から出て、その３分の１は東工大から出したいと言っています。そのくらいの志を持たなければいけません。学生だけに『志を持て』と言うのは間違っています。『失敗を恐れず挑戦しよう』と学生に言うのなら、大学が率先してやるべきです」

実際にＧＡＦＡなど米国のＩＴ産業は２０２２年に入ると業績が悪化し、大量の人員削減に踏み切るようになった。益学長が言うように、この20年間、世界を牛耳ってきたＧＡＦＡの時代が終わりに向かい、次の「カーボンニュートラルとＤＸを絡めた新しい型の産業」が出て来るのならば、日本にとってはチャンスでもある。

東大だけでなく、各大学はスタートアップ支援に力を入れるようになっている。「卒業生が大企業の社長になっても、サラリーマン社長では大学に寄付してくれることはないが、創業者社長なら事業が成功すれば大学に多額の寄付をしてくれる。そうしたスタートアップを育てる大学とのエコシステムができれば、寄付文化がなかった日本の大学が変わるきっかけにもなり得る」とある国立大学の幹部は語っている。なるほど、財政的に厳しく、自分たちの力で資金を獲得しなければならない国立大学には、そういう狙いもあるのか。

いずれにしろ、これから世界規模の課題解決に立ち向かい、世界を変えていく新しい産業は、「志」を持った若い世代を育成し、彼ら・彼女らの挑戦を支援する、こういう大学の場から出てくるのではないか、と期待している。

第3章
東大生のジレンマ

東大教授、東大の「今」を語る

第3章では、学部生や大学院生を間近に見てきた東大教授や東大名誉教授に「東大の変化」や「日本の大学」について語ってもらおう。登場するのは、『世界インフレの謎』（講談社現代新書）『物価とは何か』（講談社選書メチエ）の著者で、物価研究で知られる渡辺努・大学院経済学研究科教授、ＡＩ研究の第一人者で、政府の「ＡＩ戦略会議」の座長にも就任した松尾豊・大学院工学系研究科教授、総長時代に「秋入学構想」を提案し、学内外で大きな反響を呼んだ濱田純一・元総長、20年近くにわたって東大の起業家教育やスタートアップ支援に携わってきた各務茂夫・大学院工学系研究科教授という豪華な顔ぶれである。

変わる東大生の意識、課題は親の昔流の価値観

渡辺努（東京大学大学院経済学研究科教授、株式会社ナウキャスト創業者・技術顧問）

東京大学経済学部卒、日本銀行入行。１９９２年ハーバード大学Ph.D.（経済学）。１９９９年一橋大学経済研究所助教授、２００２年同教授。２０１１年東京大学大学院経済学研究科教授。２０１９年4月〜２０２１年3月経済学部長。専門はマクロ経

済学。物価と金融政策を研究テーマにしている。2022年6月に黒《くろ》田《だ》東《はる》彦《ひこ》・日銀総裁（当時）が「家計の値上げ許容度も高まっている」と発言し批判を受けたが、これは渡辺教授の調査がもとになっていた。黒田氏の後任の総裁候補の一人としても名前が挙がったと報じられた。

「自由な発想で起業していい」

——渡辺ゼミの卒業生で、不動産テックベンチャーのｅｓｔｉｅ（エスティ）を起業した平井瑛・代表取締役ＣＥＯ（１２７ページ参照）が、「渡辺先生から『大企業に行くのではなく、自分で事業をやってみなさい』とよく言われたことが頭に残っていた」と言っています。学生にこういう話をよくしているのですか。

渡辺　私は２０１５年にビッグデータで日本経済を分析する「ナウキャスト」を起業しており、２０１４年からその準備に入っていました。ちょうどその頃、ゼミ生だったのが平井君です。

私は１９８２年に東大経済学部を卒業しましたが、その頃のよくできる人は大蔵省（当時）か日銀、その次に銀行に行っていました。日本興業銀行などがあった時代です。

最近は外資系金融やコンサルが人気ですが、当時は全く人気がありませんでした。２０１

１年に東大の教授になって学部生を教えるようになり、私が学生だった頃とはだいぶ違うなと感じました。官僚は天下りが批判され、不祥事が続いて魅力がなくなっており、銀行もいろいろな問題が出てきて、人気がなくなっていました。逆に私たちの頃は考えもしなかった外資系金融やコンサルが注目されていました。

せっかく国立の大学に入ったのに外資系に行くのかよ、と思いました。外資系でいくら利益を出しても、国には入りません。個人の収入にはなっても、日本国に還元されないことが癪《しゃく》に障りました。それで学生に「外資系に行ってくれるな」と言ったら、学生は「じゃあ、どこに行けばいいんですか」と言います。それで改めて考えました。

私はハーバード大学大学院で学びましたが、接点があった学部生を見ていると、よくできる学生は起業します。起業を必要以上に重苦しく考える悲壮感を持っているのではなく、仮に失敗しても何とかなる、と軽い感じで起業していました。自分の能力に自信があるからです。

翻って東大生のことを考えると、元々能力が高いので、起業しても成功する可能性があります。仮にベンチャーを起こして４、５年やってみて成功しなくても、企業がその経歴を評価してくれれば巻き返しができます。キャリア上のリスクはないのだから、自由な発想で起業していいんじゃないかと、学生に話してきました。そして学生にベンチャーキャピタルや、創業したナウキャストの幹部を紹介するなどして、学生がいろいろな人に会える環境をつくりました。

ハーバード化する東大生

——東大は様々な起業家教育や起業支援を行っていますが、関わってはいないのですか。

渡辺　私は関わっていません。私の立場は、3、4年生で1学年10人のゼミを持ち、週1回、長時間議論し、合宿に行き、飲みに行くこともある、一番身近な大人です。その私が言う言葉は説得力があるはずです。1学年10人のなかに起業する人が毎年1人はいます。

渡辺努教授

——ハーバード大、イェール大、スタンフォード大など米国のトップ大学では、昔からの大企業に入る学生は少なく、自分で価値をつくろうとするという話をよく聞きます。そこが日本との大きな違いです。

渡辺　その通りです。ただ、今の東大生は随分とハーバード大の学生のようになってきたと感じています。私の頃からは驚くほど変わりました。官僚になっても魅力がないこともあり、自分の将来を自分でつくっていかなければいけないと思っている学生や、起業しようとしている学生がある程度います。

――ナウキャストを起業した経緯を教えてください。

渡辺　私は物価の研究者で、ビッグデータを集めて物価を分析していました。２０１３年から日次の物価指数をつくるプロジェクトを始め、毎日、ホームページに上げていました。それが好評だったので、事業化しようと考えました。東大に来て３、４年経った頃です。

会社をつくって最初に東京大学エッジキャピタル（ＵＴＥＣ）から出資を受けました。そのときに、担当者から「文系の先生が起業するのは初めてです」と言われました。ナウキャストは経済学部の研究者と2人で創業しましたが、研究に専念するために経営を任せられる人を探して、私は技術顧問になりました。ナウキャストはその後、Finatext ホールディングスの傘下になりました。

私のゼミ生には起業した人がいるので、個別に相談に来ます。人生相談というか、社内の人間関係の悩み相談が多いです。誰々が仕事で機能しないとか、仲たがいして辞めたいとかです。私は違う視点から両方に会って仲裁したりしています。お困りごと相談役のようなものです。

変わらない親

――東大発スタートアップを取材していると、工学部や大学院工学系研究科の出身者が多いと感じます。

渡辺　それはよく言われることですが、私は文系にしかできない起業があると思っています。理系の人の起業は、特定の技術を活用するところから始まりますが、そのノウハウが使えなくなれば、うまくいきません。理系の人にはできない事業があると思います。

ナウキャストは、私の研究の延長上につくりました。特定の技術を持っていたわけではなく、起業するときには素人のように一から勉強して会社をつくりました。

――東大生を教えていて、意識の変化を感じますか。

渡辺　明らかに変わっています。その一方で、変わっていないハードルがあります。それは親の意識です。学生本人は起業をやる気満々でも、大手企業の内定をもらっていると、最後の最後になって親が「頼むからその大手企業に行ってくれ」とかなりの確率で言ってきます。親は昔流の安定を求めているのです。〇〇銀行に行けば安心だ、といまだに思っています。啓蒙すべきは親ですね。

――日本経済が長く停滞しているのは、米国のような新しい産業が出てこなかったからだと言われます。東大発スタートアップのような事例が、もっと出てこないといけないのではないでしょうか。

渡辺　間違いなく必要です。日本経済が停滞する一番の原因は、そこにあります。新しい企業が出てこないと、社会は活性化しません。能力の高い人がすべきことで、それによって日本社会は変わっていきます。

　そのために必要なことは、20代で起業して失敗しても、第二ラウンドがあるという実証が出てくることです。例えば、失敗したベンチャー経営者を官庁が雇用すればいい。ベンチャーは失敗したとしても、そのノウハウを生かして経済産業省に入る例が出てくれれば、親も

「そんな道があるんだ」と思うでしょう。そういう仕組みを社会全体でつくるべきです。

現在、政府がやっているような、ベンチャー立ち上げの支援をするより、万が一失敗しても手を差し伸べることの方が大事です。日本社会では、一度失敗すると二度目はないと言われることが多いですが、巻き返しができる仕組みをつくるべきです。それを国が保障し、企業も保障するのがいいと思います。

文系・理系の垣根を越えて

――社会が求める能力が変わり、日本の教育が壁にぶつかっていると指摘されています。日本の教育に求められるものは何でしょうか。

渡辺　一つは大学教育における文系と理系の垣根が高すぎることです。ナウキャストもコンピューターやデータを使って経済を分析し、ビジネスにしています。コンピューター技術を持っていなければ、やっていけません。ところが、東大では文系の学生にそういう教育をしていません。経済学部にいてもコンピューターサイエンスを学ぶような教育をすべきです。

よくできる学生は他学部に出かけて行って学んだり、工学部の学生が経済学部の授業を受けに来たりすることもあります。ただし、それは学生の自主性に任せています。そうではなく、文系と理系の垣根を越えて融合した大学教育をすべきだと思います。

それから、起業した卒業生を見ていると、創業期に中学・高校で一緒だった友達と行動を共にするケースがあります。東大は首都圏の中高一貫校から入ってくる学生が多く、その是非はありますが、中高で6年間一緒に過ごした結束の強さは、群馬県立高校出身の私から見ると、うらやましいくらいです。起業という観点から言えば、この結束は使うべきです。

中高が同じでも進学先はまちまちなので、文理を問わず様々な専門性を持っています。また、お互いの優秀さを知っていて、見栄を張らない強い信頼感は、ベンチャーをつくるときには大きな財産になります。起業するといろんな修羅場をくぐりますが、中高時代の強いつながりがあるからこそ乗り越えられる面があると思います。

そして最後に付け加えるなら、何より大事なのは、先ほど言った親の価値観を変えること、親の啓蒙ですね。

優秀な学生ほど起業する世界標準に近づいてきた

松尾豊（東京大学大学院工学系研究科人工物工学研究センター／技術経営戦略学専攻教授、日本ディープラーニング協会理事長）

東京大学工学部電子情報工学科卒、同大学院博士課程修了。博士（工学）。スタンフォード大学客員研究員を経て、２００７年東京大学工学系研究科准教授、２０１９年教授。人工知能学会では２０１２〜２０１４年編集委員長、２０１４〜２０１８年倫理委員長、２０２０年から理事。２０１７年に日本ディープラーニング協会を設立し理事長。ソフトバンクグループ社外取締役、新しい資本主義実現会議有識者構成員なども務め、２０２３年5月に初会合が開かれた政府の「ＡＩ戦略会議」では座長に就任。専門は人工知能、ディープラーニング。

「日本には元々、起業の文化がある」

――松尾研究室を筆頭に、東大関連スタートアップが毎年30〜40社、誕生しています。以前に比べると随分、環境が変わっていると思いますが、この状況をどう見ていますか。

松尾　いい感じになってきたと思います。東大でもそうですし、日本全体でもスタートアップが重要だという認識が高まってきたのは、すごくいいことです。米国のスタンフォード大学をはじめ、海外のトップ大学では起業する学生がたくさんいます。日本もようやくグローバルスタンダードに近づいてきたのではないでしょうか。

　起業するというのは、学生にとっては一つのオプションで、海外では優秀な学生ほど起業します。自分の力だけで勝負するわけですから、自分に自信がある人は挑戦すればいい。結果的に世の中に大きなインパクトを与えることもできますから、挑戦する人がどんどん増えてほしいと思います。

松尾豊教授

――「失われた30年」と言われるような日本経済の長い停滞は、新しい産業が出てこなかったことが要因です。スタートアップが次々に出てくることが必要ではないでしょうか。

松尾　スタートアップとか起業家というのは最近の言い方ですが、日本は戦後、スタートアップがたくさん出てきました。日本経済はずっと、新しい事業を始めた人たちが切磋琢磨し、そのなかから世界的な企業が生まれてきた歴史があります。ただ、高度経済成長期以降は、大企業が強い時代が続いたので、起業が当たり前という感覚が失われました。でも、日本には元々はそういう文化があると思います。

個人から組織、組織から国へ

――学生たちの意識も、以前とは相当違ってきているのではないですか。

松尾　だいぶ変わっています。大学に入ったときから、起業を選択肢の一つとして意識する学生が増えています。大学院に進む学生も、ひとまず研究をするけれども、人生のどこかの地点で起業しようと思っているとか、コンサルティングファームに入るけれども、いつか起業したいという学生が多いです。

――そういう話を聞くと、日本の将来には希望をお持ちのようですね。

松尾　学生にもよく言いますが、国のレベルの話をしているのか、組織のレベルなのか、個人のレベルなのかによって話が違います。国がうまくいかなくても、組織や個人はいくらでも成長できます。スタートアップがたくさん出てこないといけないし、そのなかからGA

ＦＡみたいなところが出てくると、日本も変わってくると思います。円安など、日本経済には根深い問題がありますが、組織や個人が大活躍することはいくらでもできます。

憧れと挑戦、そして成功の連鎖

——起業に対する米国と日本の学生の意識の差は、何に由来するのでしょうか。

松尾　東大でもシリコンバレーでも同じだと思いますが、起業する方が格好いいのです。起業して上場し、事業が成功した人はお金持ちになるし、社会に大きな貢献ができる。学生にとっては憧れの的です。うらやましくて、自分もああなりたいと思って起業するのです。起業支援の仕組みも重要ですが、格好いいという憧れと挑戦、それに成功の連鎖が重要だと思います。東大のなかでも、いくつもの成功例を見て、この循環が回り始めていると感じています。

——松尾研からもスタートアップがたくさん出てきています。

松尾　グノシー（ニュースアプリ、東証プライム）や、パークシャテクノロジー（ＡＩ、東証スタンダード）が上場したことが大きかったです。それを見て、憧れを持った優秀な学生たちが集まってくるようになり、うねりをつくっています。私はそういう場所をつくっただけです。シリコンバレーにはまだ全然及びませんが、そういう流れができつつあります。

最近は松尾研から毎年５、６社が誕生しています。松尾研に関係するスタートアップはたくさんあり、どこまでが松尾研発スタートアップなのか定義が難しいのですが、松尾研が強く関与したものだけで十数社あります。私はこれを「毎年１００社つくろう」と言っています。

自ら変わろうとする東大

――著書を読むと、松尾さんが大学院生だった１９９０年代後半から２０００年代初めの頃は、ＡＩを研究していると言うと学内外で怪《け》訝《げん》な顔をされたそうですね。それが今では第３次ＡＩブームと言われています。
松尾　そういうことの繰り返しなので、もう慣れました。私は真っ先にＡＩやディープラーニングが重要だと言い始めましたが、批判する人も多かったです。スタートアップの重要性も２００５年から言ってきましたが、今になって国がようやく「スタートアップ元年」などと言い出しています。世の中の理解は遅れてやってくることをずっと見てきたので、そんなものだろうと思っています。

――東大は２０００年代初めからアントレプレナー道場などの起業家教育や、ベンチャーキャピタルなどの起業支援を行ってきました。２０２２年の東大の入学式では、藤井輝夫総長が式辞の大半を充てて起業の重要性を説き、学内でも驚かれました。

松尾　今の東大はどんどん大学を変えていこうとしています。何事も一番手は変えることに保守的で、二番手が変革に積極的なことが多いですが、東大は自ら変わろうとしていて、その勢いがついています。中にいてもこれはすごくなるぞという感じが楽しいです。起業に力を入れている他大学も驚いているのではないでしょうか。アントレプレナーシップ教育の講座に、藤井総長や工学部長が出てきますから。

ＡＩ時代だからこそ人文系も

――松尾さんは、ＡＩが進化していくと、人文系や社会科学系の教養が重要になると言っています。

松尾　人文系とテクノロジーの融合は、とても面白いテーマです。例えば、最近のお絵描きＡＩによってＡＩが絵を描くようになったとき、著作権はどうなるのか。仕事を奪われることになるクリエーターが、ＡＩに自分の作品をデータとして学ばせないでほしいと要望する事態も考えられますから、興味深い議論をはらんでいます。文学や社会学、法律、経済などの分野にはＡＩを使える部分があるので、両者の融合は重要になります。

――政府の教育未来創造会議が理系学生を5割にする目標を提言し（２０２２年5月）、その後、政府が具体化に動き出しています。最近は国が理系シフトを強めていますが、どう思いますか。

松尾　理系を増やすのはいいですが、大事なのは理系の人たち全員にＡＩやデータサイエンスを学んでもらうことです。例えば材料科学を学ぶにしても、今までと同じような学び方でうまくいくかといったら、そんなことはありません。データやＡＩと材料科学を掛け合わせたところに新しいイノベーションが生まれます。物理や化学も同様です。ＡＩやデータサイエンスは短時間で身に付きますから、理系の人にはちゃんと勉強してもらいたいです。

文系の人も同じです。ＡＩやデータサイエンスを学べば、社会人としての力が身に付くし、自分の研究分野でも活用できます。

これからは、ＡＩやデータサイエンスを勉強しない理系の人は、やっていけません。理系を増やすというより、理系５割のなかに、理系の全員がＡＩやデータサイエンスを学ぶ、ということが入っているといいです。

「統合型の知」の重要性

――日本は高校の早い段階で文系と理系に分かれますが、大学では文理融合の教育の必要性が言われています。

松尾　そう思います。理系の学生は専門を学んだ後に、人文、社会科学系を学んだ方がいいと思います。最近のカーボンニュートラルやＳＤＧｓにしても、専門領域だけでは解決できません。地球環境をどう考えるのか、横断的な知識が必要になります。

起業も同じです。自分の専門領域だけでなく、バリューチェーン（価値連鎖）やサプライチェーン（供給連鎖）マネジメント、顧客の意思決定の仕方などを学ばなければなりません。専門を学んだうえでの横断的な知が、今の時代には必要になっています。

東大では駒場での教養課程があるので、専門を学ぶ前の横断的な知はありますが、専門を学んだ後の横断的な知が大事ではないかと思います。そのうえで、どうやって社会に活用していくのか、自分の専門性をどう生かすのか、考えることです。

起業家教育にも同じことが言えます。自分で起業するにしても、企業に入って社会課題を解くにしても、自分の専門性をどう生かせるか、専門性がないものとどう向き合うかを俯瞰的に理解することが必要です。現代の社会課題の解決には、統合型の知が重要になっています。

東大生の休学者増加は日本社会の変化の兆し

濱田純一（元総長、東京大学名誉教授）

東京大学法学部卒、同大学院法学政治学研究科博士課程単位取得退学。法学博士。東京大学新聞研究所教授、社会情報研究所長、大学院情報学環長・学際情報学府長、副学長を経て、２００９～２０１５年、東京大学総長。在任中に「秋入学構想」を提案し、社会的な話題になった。現在は映画倫理機構代表理事などを務める。

東大生の「地に足がついた自分探し」

——休学して自分のやりたいことを見つけたり、興味のあることを深めようとしたりする東大生が増えています。この傾向をどう見ますか。

濱田　データを見せてもらって、ほーっと思いました。総長だった時期に２０１３年度入学生から始めた「ＦＬＹプログラム」（初年次長期自主活動プログラム）は、それが目的でした。ＦＬＹプログラムは、欧米のギャップイヤーを念頭に、入学直後の学生が１年間の特別休学期間を取得して、東大以外の場所でボランティア活動や国際交流活動などを行うプログラムです。ＦＬＹプログラムに参加する学生は人数が限られていましたが、２０１０年代半ば以降に休学者がこれだけ増えているのを知り、自分の成長のために休学を選ぶ学生が育っているのは面白い傾向だと思います。自分を見つめ直すには、一定の余裕が必要だからです。

――休学した学生は、3年になって周りが就活や大学院進学に向けて動き出し、このまま同じレールに乗っていいのか、自分のしたいことは何なのかと悩んで休学を選んだケースが多いです。

濱田　就活も休学を考えるきっかけになったのかもしれませんが、1、2年の間に考える土台を培っていたのではないですか。最初から飛び抜けて好奇心のある人が東大に入ってくることは少なく、駒場キャンパスでの2年間の教養の学びや、学生団体や自主ゼミの活動などを通じて、考える機会があったのではないかと思います。

濱田純一名誉教授

　自分探しという言い方もできますが、自分は何者かといった抽象的なことではなく、周囲の期待は別にして、自分はどんな人生を過ごしたいのか、そのためにどんなステップを踏めばいいのかと、地に足がついた自分探しと言えます。

私は総長時代、学生に「タフになれ、失敗を恐れるな、とにかくチャレンジしろ」と言ってきました。今の休学者たちの様子を見ると、まさに私が言いたかったことを行動に移しています。

確かに受験勉強のなかで身に付く力もあります。ただ、それをどう生かすかが大事です。その力を定型的な試験を突破することだけに使っていてはもったいない。休学者たちは、自分の人生を設計し、選択できる力を持っているのだと思います。

「タフな東大生」を育てるには

――休学者が増えている理由を当事者たちに聞くなかで、「終身雇用が崩れて、官僚になってもコンサルに入っても次のキャリアを考えている。自分でキャリアを選び取る必要があるため、学生時代に様々な経験をしようとしている」という言葉が印象的でした。

濱田　終身雇用が当たり前ではなくなったという社会背景は大きいと思います。能力のある人が転職することは珍しくなくなり、人材が流動化しているのを学生たちは見ています。

能力を磨けば生きていけると思っているのではないでしょうか。

――濱田さんは総長時代に秋入学構想を提案し、学内外で大きな話題になりました。その目的は国際化を進めることと、「タフな東大生」を育てることでした。秋入学は実現しませんでしたが、「タフな東大生」は育ってきていると言えるのではないですか。

濱田　そういう試みができる社会環境ができてきたのだと思います。４年で卒業して就職するという従来の固定観念を学生が外せるようになり、親を含めて社会に認められるようになりました。この環境はこれから、さらに広がっていくのではないでしょうか。

　そうなると、「タフな東大生」を育てる意味がもっと見えてくると思います。地方に住み込んで地域おこしに携わっている学生が、「自分は勉強はできたけど、地元の人が普通にできることを何もできないことを知った」という話がありましたが、これまで学んできたことの意味と限界を知り、それを乗り越えるために努力することでタフになっていきます。こういう学生が増えて、芽が育ってくると面白いです。

――「タフな東大生」の意味合いは何だったのですか。

濱田　受験の能力だけで自分の人生をつくっていく時代は終わっています。現実の社会に向き合って能力をどう伸ばせるか、です。一番の要は、現場で物事にぶつかったときに乗り越えていく力、失敗したときに立ち直る力です。それが受験勉強とは違うところです。学生時代にそのような体験をするかどうかで、学生の成長が違ってきます。
　東大生は知的能力には優れていますが、卒業生が社会のあらゆる組織のリーダーになっているかと言えば、そうではありません。社会に求められているのは、受験勉強的な能力だけではないからです。人間が成長していくには、知的能力プラスアルファが必要です。このプラスアルファが、タフになることです。
　大学の学長になると、学生たち全員の力をすべて発揮させるにはどうすればいいかを考えます。知的能力があっても、それを超える力をつけないと、社会でいい人生を送ることはできません。

「頭だけでは通用しない世界に触れること」

――秋入学構想では、合格後、秋までの半年間を「ギャップターム」として、様々な体験をしてもらおうとしていました。これも「タフな東大生」になることが狙いだったのでしょう。

ＦＬＹプログラムもそうですが、秋入学を検討する過程で新しいプログラムができ、今でも続いているものがあります。

濱田　当時、ギャップタームがすぐには実現できそうにないなかで、始めたのが「体験活動プログラム」です。これは、夏休みなどを利用して、今までの生活とは異なる文化や価値観に触れる体験型教育プログラムで、ボランティアや就労体験、フィールドワーク、地域体験、海外プログラムなどが含まれます。山岳修験《しゅげん》の地として知られる和歌山県の熊野に行って信仰の世界を体感し、熊野古道を歩いたり、青森県で農業・漁業体験をしたり、ニューヨークの同窓会に受け皿になってもらい、現地で働く雰囲気を感じ取ったりしています。

ＦＬＹプログラムは、入学直後に1年間の特別休学期間を取るので、参加者はどうしても限られますが、一連の教育改革で一番浸透したのが体験活動プログラムです。頭だけでは通用しない世界に触れることに意味があります。東大にはこうしたプログラムがあるので、ある意味で学生は恵まれています。チャンスが転がっているわけですから。

――確かに、休学者のなかには1、2年次に大学のそうしたプログラムに参加して、今までの生活では知らなかった世界に触れ、後に休学して活動するきっかけになった学生がいます。

濱田　休学者がこんなに増えていることは知りませんでしたが、体験活動がきっかけになっている面もあるのかもしれません。ただ、体験活動は夏休みなどを利用するのでブランクもありませんが、休学して活動するのは思い切った決断で、よく飛び込んでいると感心しています。

卒業が1年遅れることの意味が、以前とは変わってきているのかもしれません。以前は入社が1年遅れると損だと思われていましたが、終身雇用が当たり前ではなくなり、人材が流動化したことで、能力次第では1年など気にする必要はないという感覚になっているのではないでしょうか。

視野が広がると、面白いことがたくさん見えてくるし、可能性も見えてきます。狭い世界で生きていると、それが見えません。様々な経験を通じて人生の選択肢が広がり、人生を豊かにするチャンスも広がります。東大生が狭い世界で生きるのは、本人にとっても社会にとってもよくありません。

「早上がり社会」の限界を見つめて

――新型コロナウイルスの影響でオンライン授業になり、様々な活動に参加しやすくなった面があります。休学者のなかにも、休学中に地方に行って地域おこしに携わり、授業はオンラインで受けたという学生がいます。

濱田　そうでしょうね。オンライン授業になって、自分が何をしたいのかを考える時間ができたこともあります。自分は何に興味があるのか、何が面白いのかを考えるのは、貴重な時間です。

休学者がこうして増えているのは、一つの時代の流れを示しています。日本社会や経済はこれ以上伸びないとよく言われますが、こういうところに変化の兆しがあると思います。

――かつての東大には、優秀な学生は早く結果を出して卒業するという風潮がありました。早い段階で司法試験に受かったり、法学部を卒業してすぐに助手になったり、結果を出すのが早い人ほど優秀だという文化だったように思えます。

濱田　3年生で外交官試験に合格し、中退して外務省に入るというケースもありました。日本社会が「早上がり社会」で、常にスピードを求めていたからではないでしょうか。早ければいいと、余裕やゆとりが生む効果を見つけられなかったからだと思います。

早く、というのは効率性を求めることなので、そういう社会ではいろいろ悩まずに狭い生き方をした方が得です。しかし、人間は悩むことで成長し、人生の可能性が広がります。いろんな人と出会って、知らなかった面白さを見つける方が人生の値打ちがあります。

私もこの年齢になって、狭い所で突っ走ったところで行き着くところは大して変わらないと思うようになりました。日本社会は明治維新以降、スピード、スピードでやってきましたが、今日《こんにち》、それにどれだけ意味があるのか、ゆとりや隙間、無駄と思える時間によってどれだけ自分が豊かになるのか、社会にとって意味があるかを考えていかなければいけない時代になっていると思います。

そういう点では、日本は遅れている気がします。秋入学がいまだに実現していないのも遅すぎます。物事には意味を持つタイミングがあり、日本社会はゆとりの大切さを１９９０年代には意識すべきでした。ゆとりから、発想や人生の豊かさが出てきます。日本社会は相当きつい状況にありますが、個人としては自分の人生をやりくりできる、ゆとりの持つ意味を十分生かせるチャンスがまだまだあると思います。

優秀な東大生ほど一つの企業にしがみつかない

各務茂夫（東京大学大学院工学系研究科教授、産学協創推進本部副本部長、一般社団法人日本ベンチャー学会会長）

一橋大学商学部卒、スイスＩＭＥＤＥ（企業経営研究所／現・ＩＭＤ（国際経営開発研究所））経営学修士（ＭＢＡ）、米国ケースウェスタンリザーブ大学経営学博士。ボストンコンサルティンググループを経て、コーポレイトディレクション（ＣＤＩ）の設立に創業パートナーとして参画。取締役主幹、米国ＣＤＩ上級副社長兼事務所長を歴任。２００２年東京大学大学院薬学系研究科「ファーマコビジネス・イノベーション講座」教員となり、２００４年産学連携本部（現・産学協創推進本部）教授・事業化推進部長。２００４～２０１３年、東京大学エッジキャピタル監査役。２０１３～２０２０年、産学連携本部教授・イノベーション推進部長、２０２０年４月から現職。

「ベンチャー・エコシステム」の生みの親

――東大で起業家を育成する「アントレプレナー道場」の生みの親ですね。

各務　元々はボストンコンサルティングなどで経営戦略コンサルタントをしており、東大に来る直前はヘッドハンターでした。２００２年から東大大学院薬学系研究科の寄付講座の教員をしていたのですが、２００４年にできた産学連携本部の教授公募に応募して、ベンチャー支援と起業家教育を担当してきました。２００４年は、国立大学が法人化され、各大学が産学連携本部や知財本部などをつくっていった時期です。２００５年に、起業について初歩から体系的に学ぶ「アントレプレナー道場」をつくり、起業家教育プログラムを始めました。起業家教育はアントレプレナー道場からスタートしましたが、この十数年で進化して、今ではいくつものアントレプレナーシップ教育プログラムが動いています。ベンチャー支援事業も広がりを持ってきています。

――実際に起業した学生や卒業生も多いですが、起業数は増えていますか。

各務　卒業生の起業を含めた東大関連スタートアップ企業は、毎年30～40社が設立されており、２０２２年３月末現在で約４８０社にのぼります（１０７ページ参照）。

　アントレプレナー道場には、講師として、１期生でＳＮＳサービス・ミクシィ元社長の朝倉祐介さんや、ミドリムシを活用するユーグレナを創業した出雲充社長をはじめ、多くの東大卒起業家が来てくれています。「ベンチャー・エコシステム」と呼んでいますが、受講生たちが大学卒業後に講師やメンターを務めたり、事業を大きくするために寄付してくれたり、人がつながりながら回っていく仕組みをつくるのが、私の仕事です。ベンチャー・エコシステム構築に向けて、ベンチャーキャピタルを設立したり、東大内にインキュベーション施設をつくったりもしてきました。

各務茂夫教授

アントレプレナー道場が日本を変える

――アントレプレナー道場に参加した卒業生たちは起業している人が多いのですか。

各務　道場の出身者で百数十人が会社設立に関わっています。1期生の265人のうち、最終発表会に残ったのが9チーム、二十数人いましたが、このほとんどが起業しています。卒業後2～10年で起業した例が多いです。

　1期生で医学部出身の原聖吾《はらせいご》さんはスタンフォード大学からマッキンゼーを経て、オンライン診療のMICIN（マイシン）を創業しました。先の朝倉さんは在学中にネイキッドテクノロジーをつくり、後にミクシィに買収されて、ミクシィ本体の社長になりました。

同じ1期生の稲田大輔さんは、三井物産を経て、オンライン教育のatama plus（アタマプラス）を創業し、社員が約２００人いる会社に成長させています。ロボットの研究開発会社で後にグーグルに買収されたＳＣＨＡＦＴ（シャフト）の創業メンバー、鈴《すず》木《き》稔《なり》人《と》さんは6期生です。

東大には、ＡＩの松尾豊教授の研究室をはじめ、研究シーズ《種》がたくさんあり、起業家が多く生まれています。理学部出身で宇宙ベンチャー、ＡＬＥ（エール）の岡島《おかじま》礼《れ》奈《な》さんもそうです。２００７年に東大内に開設したアントレプレナープラザには、ユーグレナ（バイオ）、ペプチドリーム（創薬）、プリファード・ネットワークス（ＡＩ）、パークシャテクノロジー（ＡＩ）が入居し、ここから巣立っていきました。

起業家教育は「水泳と同じ」

――アントレプレナーシップ教育には、どんなプログラムがあるのですか。

各務　駒場キャンパスの1年生向けに、入学してすぐに「アントレプレナーシップセミナー」を開いています。どのようなマインドセットで学問に取り組んでいくべきか、考えてもらいます。

２０２２年４月からは、ディープテック系（世の中の大きな課題を解決する革新的技術）の講座が始まりました。企業からの支援による寄付講座で、私も講師の一人です。ＴＡ（ティーチングアシスタント）がたくさん加わり、学生たちはチームに分かれてグループワークをするほか、企業オフィスでワークショップなどを行います。

２０２２年４月から１年生向けに始まったもう一つの講座が、ソニーとの社会連携講座である「UT-ONE」です。学生がすぐに起業するのは難しいので、まずチームを組んでテクノロジー、ビジネス、社会課題解決などからテーマを選び、プロジェクトを考案します。「東大を世界一の学び場にしよう」「東大自体が変わらなければいけない」という学生たちの集まりである「UT-BASE」メンバーにも運営に加わってもらっています。講座では、２年生以上のメンバーが１年生のメンターになり、アドバイスします。学生のなかでアントレプレナーシップ教育プログラムをやってみようとしています。

私の感じだと、東大生は入学してゴールデンウィーク（ＧＷ）を境に安心してしまう傾向があるように思います。初期設定というか、早い時期のマインドセットが重要なので、問題解決に向けて自らが当事者になるマインドを、できればＧＷ前に持ってほしいと思い、新入生向けのプログラムを４月に用意しています。

水泳と同じで、一度教育を受けておくと、マッスルメモリー（筋肉の記憶）ができるのです。ブレインマッスル（頭の筋肉）と言った方がいいかもしれませんが。

夏には、短期集中プログラム「アントレプレナーシップ・サマー・ブートキャンプ」があります。グループワークを行い、社会課題解決の処方箋を練り上げます。開講した２０１９年は２泊３日で行いましたが、２０２０年から新型コロナウイルスの感染拡大で合宿ができず、２０２２年まではオンラインでの３日間集中講義や、駒場キャンパスでの講義になりました。

大学院講義でも、起業家教育の先端校として知られる米国バブソン大学の山川恭弘先生を２０２２年に特任教授として迎え、英語によるアントレプレナーシップの集中講義を新たに開講しました。

広がる起業家教育の輪

――新型コロナの影響を受けたこの３年間で変化したことはありますか。
各務　教育プログラムがオンライン教育に切り替わり、教場の収容キャパシティーに制約を受けないこともあって、結果として教育プログラムに参加する受講者が増えました。

また、この間に多くの大学やアクセラレーター（起業家の支援事業者）、大企業、自治体などを巻き込んだ形での面的な広がりを持つようになりました。内閣府の「スタートアップ・エコシステム拠点形成戦略」が始まり、その延長で文科省・科学技術振興機構（ＪＳＴ）の「大学・エコシステム推進型スタートアップ・エコシステム形成支援」事業が始まりました。東京都や大学、企業などでつくる「東京コンソーシアム」では、東大、東京工業大、早稲田大を主幹機関に、全部で80を超える共同機関・協力機関と連携して、起業活動支援やアントレプレナーシップ教育を行うＧＴＩＥ（Greater Tokyo Innovation Ecosystem）プログラムが２０２２年度から本格的に始まりました。

東大では、２０２１年度末までの5年間、文科省の次世代アントレプレナー育成事業（EDGE-NEXTプログラム）を展開し、主に研究者を対象に、研究シーズの事業化を目指すアントレプレナーシップ教育を行ってきましたが、これがＧＴＩＥによって大学の広がりを持つようになりました。

――起業家を資金面で支援する東大のベンチャーファンドは、どのような状況ですか。

各務　東京大学エッジキャピタルパートナーズ（ＵＴＥＣ）は、２０２１年に３００億円超の新ファンド（5号ファンド）を組成し、これまでの累積額は８５０億円近くにのぼります。また、東京大学協創プラットフォーム開発（東大ＩＰＣ）は、東大の研究者と大企業の技術をつなぎ、企業から事業の一部を切り離す新しいタイプのスタートアップへの投資を始め、２０２０年に２４０億円規模の新しいファンドができています。

このように、東大の起業家支援は確実に進展しています。同時に、スタートアップに対する世の中の期待が高まり、「次のユニコーン（設立から10年以内で、企業評価額が10億ドル以上の未上場企業）は?」「米国や中国に負けている」などと言われるなかで、次のステージに行かなければなりません。

「アントレプレナーシップ」の真の意味とは

——アントレプレナー道場をつくった頃と比べると、東大生の意識は随分変わったのではないですか。

各務　大学は１度、新入生に調査をしたようですが、学生の10%くらいが起業を目指したいと考えているようです。上場したユーグレナやグノシーなどのロールモデルが生まれたことが大きい。起業した人が身近にいる感覚があるので、学生たちの意識も変わりました。

大企業に対する見方も変わっています。かつてのように、大企業に行けば一生食べていけるとは学生も思っていません。優秀な学生ほど、自分の運命をどこかに託すのは最もリスクが高いと感じています。起業したり、スタートアップ企業に入ったりすることが一つの選択肢になっています。

アントレプレナーシップ教育は、会社をつくる教育ではありません。自らが当事者となって問題を発見し解決する、そのために今までにない新機軸を打ち出し、最後はそろばん勘定までやって、したたかにやり切ることを目指しています。それは大企業に行こうが、スタートアップに進もうが、研究者になろうが、必要なスキルです。

東大に入って来る学生は、入試という明確な正解がある問題、いわば「一般解」を解くことについては卓越しているのでしょうが、新入生には「これからは自分で解きたい問題（個別問題）を発見して、それぞれが設定した『個別解』を解いていかなければいけない」と話して、マインドセットを切り替えることを求めています。

東大が変わったということもありますが、世の中が変わったことも大きいです。大企業の位置づけや、東大生にとっての官庁の魅力が変わりました。東大のコミュニティーで言えば、かつては法学部の卒業生は官庁に入る、工学部は優れたエンジニアを輩出するという、国策とマッチしたミッションがありました。しかし、社会環境が変わり、新しい産業を興すことが求められるようになったために、東大生がスタートアップの世界にチャレンジしている、優秀な学生が意識してそっちに行っているのではないかと思います。

東大関連スタートアップの累積数が５００社近くになり、学生たちの周りにたくさんあるので、スタートアップとかベンチャーとか言っても、学生は驚かなくなっています。就活の時期に「インターンシップはどこに行っているの？」と学生に聞くと、スタートアップのインターンと答える学生も多くなってきました。文系の学生でも、ディープラーニングの基本言語になるPythonくらいは使える人も多くなっています。こうした環境が変わったことが、ご指摘のような大きな流れの変化をつくっています。

日本を変えるかもしれない「就活での質問」

――岸田内閣が打ち出した「新しい資本主義」や政府の教育未来創造会議でも、スタートアップや起業家教育の必要性が議論されています。これからの教育の一つの方向性になるのではないですか。

各務　東大では20年近く前からスタートアップ支援や起業家教育を行ってきたので、正直、今さら感があります。とはいえ、国の支援として新しいサポートが出てきて、私たちの長年の取り組みにフォローの風が吹いていることは間違いありません。

起業家候補者の裾野を広げるのに即効性があるのは、就活で企業が学生に「あなたの新規事業プランを述べよ」と問うことかもしれません。この質問を加えるだけで、日本全体が変わる可能性があります。経団連がどの学生にもアントレプレナーシップを求めるようになり、産業活動を変える事業プランを書くことが就活で必要となれば、大学も高校も必死になるでしょう。これが、アントレプレナーシップ教育に参加する人が増える、最も手っ取り早い方法かもしれません。

――起業しても9割は失敗すると言われますが、どうですか。

各務　すべては把握できませんが、智恵を出して準備ができている会社は、そこそこのものになっているのではないですか。起業してユニコーンになるまでの道のりは長いですが、その過程にある会社は多いと思います。

ＧＡＦＡにも対抗できる日本の強みとは

――以前、慶應ＳＦＣを取材したのですが、当時の起業で注目されているのは生命科学の分野でした。

各務　日本のライフサイエンス研究者の３分の２は大学にいます。これは民間企業に研究者が移っている米国と違うところで、大学の研究をいかに事業化するかという点で、ライフサイエンスや医療まわり、薬の分野で大学が果たす役割は大きいです。

日本はＧＡＦＡと対抗してＢtoＣの分野で戦うのは難しいかもしれません。戦うとしたら、一つはＡＩやディープラーニングとものづくりが重なるところ、それにライフサイエンスではないでしょうか。世界から評価されている東大発バイオベンチャー、ペプチドリームが典型例で、これに続けという案件も多いです。再生医療のように国を挙げて戦略的に力を入れていく分野もあり、ライフサイエンスは事業化チャンスが大きいです。

――起業するのは理系出身者が多いのでしょうか。

各務　バイオテクノロジーやライフサイエンスは理系になりますが、ミクシィの創業者の笠原健治《かさはらけんじ》さんは経済学部出身、後任社長の朝倉さんは法学部出身で、文系でも多くの人が起業していています。ビジネスがわかり、研究者がいないといけないので、文理融合の側面が強いです。

「スタートアップ大国にならなければ、日本の将来はない」

――東大生は官僚志望が減り、最近は外資系のコンサル会社や投資銀行が人気です。ここに起業が加わるのでしょうか。

各務　実際には戦略系のコンサルタントを数年やって起業する人も多いです。ビジネスとは何かを知り、人のネットワークを持ってから起業する。優秀な学生ほど、したたかに考えています。

東日本大震災以降、「人のために」という利他意識が若者の間に強くなっています。単に利益を追うスタートアップではなく、社会性や公共性を求めるようになっています。ただ、最後はそろばん勘定ができないといけないし、高邁な思いだけではダメで、事業を成功に導く経験やスキルが求められます。そのためにコンサルタントや大企業で足腰をつくっておく。今の学生は卒業して40年間、一つの会社に身を置くとは思っていないので、大企業に勤めるにしても、どこかに転職したり、起業を頭に入れたりしている学生も多いです。

私は日本ベンチャー学会の会長でもあります。東大は、かつてはロールモデルだった海外に追いつけ、追い越せが至上命題で、エンジニアや中央官僚を育ててきました。それが国の目的に合致していたのです。しかし、今はスタートアップ大国にならなければなりません。今こそ、スタートアップに東大の優秀な学生が行き、将来の大きな会社になっていくべきです。

20年後を考えたとき、日本の時価総額の上位には、今の名だたる企業はほとんど残っていなくて、今はスタートアップと言われている会社がトップになっていく、そこに東大生が介在していかなければ、日本の将来はないと思います。そのためには大学の体系を変えなければならないし、教育の体系も変えなければいけません。

おわりに

最後に、東大文学部から同大学院を出て、日本ＩＢＭに勤めた後、教育系スタートアップを起業した長《なが》井《い》悠《ゆう》さん（41）のことを紹介したい。

長井さんは、大学院で美学芸術学研究室に所属し、バッハを研究した。音楽を社会学寄りで研究するなかで、ビジネスを分析する力が研究の進展には必要と感じ、日本ＩＢＭに入ってビジネスコンサルタントをしていた。しかし、リーマン・ショックで企業の経営状況が悪化し、コンサル業務の依頼をストップする顧客が出てくると、仕事を失った先輩たちは何をしたらいいのかわからない状態になった。コンサルの仕事は分業体制で進めるため、長井さん自身、顧客のニーズを発見して新しい価値を提案できている実感が小さいことも感じていた。「優秀な先輩たちが変化に対応できない姿を見て、これまでの教育課程で何を学んできたかが問題の根本にあると思いました。いま行われている教育と、変化が激しい時代とのギャップがあると感じ、これは教育を変えなければいけないと思いました」。

3年半で会社を辞めて、同期の2人と2010年にハバタク（Have a Takt）を設立し、2015年には、学校向けの教育事業を切り離して、2社目となるタクトピアを設立した。これからの時代は自分で舵を切る力が求められる、自分の人生は自分でタクト（指揮棒）を振ろうという思いを社名に込めている。

長井さんが起業するきっかけになったのがリーマン・ショック時に見た社内の光景なら、今の東大生が休学するきっかけの一つになったのが、新型コロナによる社会の変化である。第1章で紹介した法学部の吉良倫太郎さんの「当然視していたことが簡単に崩れるのを目の当たりにして、正解だと思っていたことが正解ではないのではないかと考えるようになりました。正解を求めて生きるのではなく、自分なりの正解をつくろうと考えるようになりました」という言葉が象徴的だ。何が正解かわからなくなるというのは、受験エリートだった東大生にとっては、初めて体験する状況だったに違いない。

自分の人生は自分でタクトを振って決める――。変化が激しい今の時代、そしてこれからの時代に求められるのは、このような生き方だろうと私も思う。既存の価値観や世間の評価にとらわれず、自分が大切だと思うものを一番にして生きるということ。私は休学経験者たちの以下のような言葉を聞きながら、長井さんと同じことを考えていた。

「東大生の多くが考えがちな限られた将来像を目指さなくても生きていけるという確信を、田舎暮らしを通じて持てました」（岩永淳志さん）

「私って自分の意志で動いたことがなかったなあ、これまで身にまとったラベルを武器に行動してきたんだと気づきました。ラベル抜きでやってみよう、自分の実力でやってみようと思いました」（佐藤美乃梨さん）

「自分が知らない世界はたくさんあり、キャリアも生き方も人と比べてどちらが優れていると判断できるものではなく、何を重要と考えるかは人それぞれで、もっと自由でいいのだと思うようになりました」（山川綾菜さん）

　タクトピアは、主に高校生向けにアントレプレナーシップ教育のプログラムを提供している。「世の中のニーズと、その解決策を結びつけた思考ができる人をアントレプレナーととらえています。他者の願いや痛みをとらえ、自分が持っている力で課題解決に貢献できた喜びやワクワク感を味わうことが、高校生にとって非常に大事です。将来、組織や社会のなかで人のニーズをくみ取って解決に導くことができれば、その人の人生はよりよいものになると思います」と長井さんは話す。

私は日本経済が長く停滞し、新しい産業が生まれず、社会に閉塞感が漂っている責任は、日本の教育にもあると思っている。上から言われることに忠実に従い、余計なことを言わない、出来上がった組織や伝統的な価値観に自分の人生を委ねる人ではなく、社会課題の解決に喜びを感じ、自ら価値をつくり出していく人、新しい挑戦に人生を賭けようとする人を育てていかなければならない。たとえ失敗しても、その挑戦を社会が評価して、再起の機会を与えることも重要だ。その点で言えば、この10年くらいの間に東大生や卒業生の意識が大きく変わり、スタートアップでインターンをすることが当たり前になり、卒業後に起業したり、いったん有名企業に入ってもスタートアップに転職したりする動きが広がっているのは、歓迎すべきことだ。

序章で紹介した、三菱商事から投資ファンドのカーライルを経て、当時創業3年余りのスタートアップに転職した芳賀亮太さん（41）の次の言葉が印象的だ。

「結局、何を大事にするかですね。私は目の前の安定ではありません。自分が面白いと思うもの、意義があるものをやるべきで、新しい何かをつくっていくことに価値があると考えます。うまくいかなかったとしても、何とかなります。動かない方がリスクだと思います」

休学した東大生と話すと、「第一のキャリア、第二のキャリア、第三のキャリア」という言葉が出てくる。私の世代（60代）のように、大学卒業後に入社した会社で定年まで過ごすのが当たり前だった時代は、過去のものである。新卒で入社する会社や組織は、第一のキャリアにすぎず、自分の生き方を実現できる場を求めて、次のキャリアに転じるのだ。

本書の事例でわかるように、東大生は様々なジレンマを抱えている。前出の岩永さんが言う「従来通りのエリートコースに乗りたい気持ちと、みんなと一緒ではいけない、周りとは違う何かをしようと焦る気持ち」というのが代表的だ。周囲が期待している有名企業への就職や官僚というエリート像と、自分の価値観を大切に生きたいという気持ち。両者がぶつかるケースの典型が、親世代の価値観との衝突だ。第3章の渡辺努教授が強調するように、変わらなければいけないのは、親世代の価値観の方だろうと思う。

東大が変わり始めたのは事実だが、まだまだ課題は多い。藤井輝夫総長になって策定した基本方針の一つ、「ダイバーシティ&インクルージョン」に関して言えば、学生や教員の女性比率が依然として低い。学生の女性比率は「2割の壁」をなかなか超えられず、入学者の大半を占める一般選抜合格者では、2023年に21・8%になり、ようやく20パーセントを超えたところだ。

２０２７年度までに女性の教授、准教授を約３００人採用し、助教や講師を含めた女性教員の比率で25パーセント（22年度16パーセント）を目指すことが２０２２年11月に発表され、話題になった。しかし、同年４月に名古屋大から東大に移った科学史研究者の隠岐《おき》さや香《か》教授は、私の取材に、この目標を次のように位置づけている。

「約３００人という数字は大きいですが、他大学でもやっていることをようやく東大も取り入れたととらえています。私が２０２２年３月までいた名古屋大学は、５年ほど前の指定国立大学構想のなかで、女性教員の比率を27年度までに30パーセントにすることを打ち出しました。女性比率が20パーセントに満たない学部や研究科は、ペナルティーとして運営費交付金の配分を減らされるので、もっと厳しいです」

女性の学生や教員が少ないので、必然、東大関連スタートアップにも女性の起業家は少ない。多様性を重視する欧米の大学では驚かれることだろう。

序章で紹介した、経済学部卒業後にスタートアップに就職した鈴木大雅さん（25）は、取材の最後に「東大生の意識が変わっていることは事実です。ただ、４年で卒業して大企業に行く人がまだ多数派です。休学して活動する学生やスタートアップに就職する学生が少数派ではなくなり、光が当たらなくなったときが、本当に東大が変わるときだと思います」と語った。その通りだと思う。ただ、この10年ほどの間に、その変化が始まっているのは間違いない。これが大きなうねりになって、広がっていくかどうかが、日本社会の行方を決めることになるだろう。

本書に登場する人たちに今回の書籍化を伝えると、一人から「次の時代への希望を唯一感じさせてくれるのは学生たち。そうした芽をしっかり伝える一冊になると思います」というメッセージを受け取った。次の時代への希望が学生や卒業生にあるというのは、全く同感だ。本書で紹介した学生や卒業生たちに、私はこれからもエールを送っていきたいと思う。

本書は、朝日新聞の教育情報紙「EduA」のウェブサイトに掲載した記事を土台に、追加取材を重ね、大幅に加筆して構成したものである。本書に登場する東大生や卒業生、様々な視点から東大の現状を語ってくれた東大教員の方々にお礼を申し上げたい。これらの人たちの言葉が、長期間にわたる取材を通じて、私の好奇心を次々と刺激していった。

私の興味・関心に寄り添い、記事を発表する場を与えてくれた市川裕一氏（現・朝日新聞社教育政策室長）、後任の柿崎隆氏（同教育メディアチームマネジャー）にも感謝したい。また、今回の企画に興味を示し、初対面の場で秀逸なタイトルを提示してくれた小松現・光文社新書編集長、担当編集者として的確なアドバイスを与えてくれた江口裕太氏には心より感謝している。

20年後、30年後に振り返ったときに、２０２０年代前半の東大はこんな状況だったのか、あの頃が東大の変容の起点だったのか、と言われるようになっていることを期待している。本書が２０２０年代前半の東大の状況を記録した資料として読まれれば、幸いである。

２０２３年４月

中村正史

中村正史（なかむらまさし）

1958年生まれ、大分県出身。早稲田大学政治経済学部卒業。毎日新聞社を経て朝日新聞社に入社。毎日新聞記者時代から長年にわたって教育・大学問題に携わり、「週刊朝日」記者時代の'94年、受験偏差値と大学神話に代わる新たな大学評価を求めて朝日新聞社刊「大学ランキング」を企画し創刊。2008～'15年に編集長を務めた。「AERA with Kids」「医学部に入る」「月刊 ジュニアエラ」（以上、すべて朝日新聞出版刊）なども創刊した。'20年4月から朝日新聞社教育コーディネーター、教育情報紙「朝日新聞 EduA」アドバイザー。大学教育、大学改革、高大接続、大学入試、文系・理系の壁、部活と勉強などを主なテーマに取材・執筆している。'23年4月からは大学進学を考えるウェブメディア「朝日新聞 Think キャンパス」の総合監修者も務める。

東大生《とうだいせい》のジレンマ

エリートと最高学府《さいこうがくふ》の変容《へんよう》

2023年6月30日初版1刷発行

著　者 —— 中村正史
発行者 —— 三宅貴久
装　幀 —— アラン・チャン
印刷所 —— 萩原印刷
製本所 —— 国宝社
発行所 —— 株式会社光文社
東京都文京区音羽1-16-6（〒112-8011）
https://www.kobunsha.com/
電　話 —— 編集部03（5395）8289　書籍販売部03（5395）8116
業務部03（5395）8125
メール —— sinsyo@kobunsha.com

　ISBN 978-4-334-04667-5

光文社新書

1258
理想の職場マネージメント
一軍監督の仕事
高津臣吾

個性豊かな選手がひとつの方向を向くチームをつくるには？ セ・リーグ連覇、交流戦優勝、ゆとりローテーション、言葉の力――球界に革新を起こす名将が自らのマネージメント手法を語る。

978-4-334-04665-1

1259
参議院
倉山満

参議院を制する者が日本の政治を制する――。参議院とはいかなる存在なのか。誕生の背景から歴代政権のスタンス、そして現代日本政治まで、憲法学、政治学、歴史学の視点で検証。

978-4-334-04666-8

1260
東大生のジレンマ
エリートと最高学府の変容
中村正史

急増する休学者に、急進的な起業志向――保守的なはずの東大で、あえて「レール」を踏み外す学生が増えている理由とは？ 激変する東大と東大生の「今」を、当事者たちの声が浮き彫りにする。

978-4-334-04667-5

1261
宇宙・0・無限大
谷口義明

私たちの想像が及ばないほど広大な宇宙は無限の大きさを持つのか。また、この宇宙に0となる物理量は存在するのか。シンプルながらも深遠な問いに天文学者が果敢に挑む一冊。

978-4-334-04668-2

1262
企業戦略とアート
世界視点で読む
上坂真人

なぜ世界のトップ企業は事業としてアートに投資するのか。日本には何が欠けているのか。ビジネスとしてのアートの役割と活用法を、豊富な事例とデータから分析・提言する。

978-4-334-04669-9